dtv

Die Kirche taumelt von einer Krise in die nächste. Immer mehr Menschen wenden sich von ihr ab: lautstark die einen, still und leise die vielen anderen. Zugleich macht sich aber auch ein wachsendes Bedürfnis nach religiöser Aktivität bemerkbar. »Woran glaubt, wer glaubt?« – diese Frage stellte Michaela Schlögl sechzehn Persönlichkeiten aus Kirche, Theologie und Kunst und erhielt ein Spektrum an Antworten, wie sie unterschiedlicher nicht sein können. Mit großer Offenheit sprechen die Beiträger davon, weshalb und woran Menschen glauben, was sie trotz aller Kirchenkrisen an ihrem Glauben festhalten läßt und was Kirche für sie bedeutet. Und bei allen Differenzen und eklatanten Auffassungsunterschieden ist der Wille unverkennbar, die Krise als Chance zu begreifen, damit sich die Kirche als sinnstiftende Instanz erneuern kann. Dieses Buch ist eine unverzichtbare Bestandsaufnahme zu einem brennenden Problem unserer Zeit, die den von Carlo Maria Martini und Umberto Eco begonnenen Dialog fortsetzt und ergänzt.

Michaela Schlögl, geboren 1960, ist Doktor der Rechtswissenschaften und lebt als freie Journalistin (›Die Presse‹, ›Wiener Journal‹, ›morgen‹) und Werbeberaterin in Wien.

Woran glaubt, wer glaubt?

Gespräche über Gott und die Welt

Herausgegeben von
Michaela Schlögl

Deutscher Taschenbuch Verlag

Ungekürzte Ausgabe
Dezember 2001
Deutscher Taschenbuch Verlag GmbH & Co. KG,
München
www.dtv.de

Lizenzausgabe mit freundlicher Genehmigung
des Paul Zsolnay Verlages, Wien

ISBN 3-552-04937-1
Umschlagkonzept: Balk & Brumshagen
Umschlagfoto: The Stock Market/Bill Miles
Satz: Satz für Satz. Barbara Reischmann, Leutkirch
Gesetzt aus der Sabon 10,3/13,4 pt
Druck und Bindung: Druckerei C. H. Beck, Nördlingen
Gedruckt auf säurefreiem, chlorfrei gebleichtem Papier
Printed in Germany · ISBN 3-423-36254-5

PROLOG

. . .
Du haftest in der Welt, beschwert von Ketten,
doch treibt, was wahr ist, Sprünge in die Wand.
Du wachst und siehst im Dunkeln nach dem Rechten,
dem unbekannten Ausgang zugewandt.
Ingeborg Bachmann, »Was wahr ist«

Wo Gott wohnt

Seit die Themen Kirche, Religion und Glaube nicht mehr nach Weihrauch, sondern nach Schlagzeilen riechen, reißt die Publikationsflut nicht ab. Artikel und Bücher von zum Teil selbsternannten Experten sowie TV-Diskussionen bieten immer neue Details: Kirchenskandale, Kirchenvolksbegehren, Kirchenpolitik ...*

Die Gläubigen – die Herde – verfolgen teils betroffen, teils besorgt oder auch amüsiert die Vorgänge um die veröffentlichte Kirche.

Und die Hirten? Sie, die den Glauben zu ihrem Lebensinhalt gemacht haben? Ihnen wollte ich die Gretchenfrage stellen: »Nun sag, wie hast du's mit der Religion?«

Priester, vom Landpfarrer bis zum Bischof, legen hier offen Bekenntnisse ab. Sie verschweigen auch nicht ihre persönlichen Ansichten zu der gegenwärtigen Kirchen-, Glaubens- und Gotteskrise. Im Mittelpunkt der Gespräche steht aber nicht der geschulte Theologe mit seinem fachlichen oder gar parteiischen, sondern der einzelne Mensch mit seinem individuellen Zugang. Dieser wurzelt dort, wo sich jemand entschließt, Priester zu werden, sein Leben in einer säkularen und konsumorientierten Zeit ganz in den Dienst Gottes zu stellen, zu entsagen – nicht zuletzt der Ehe.

Den vorliegenden Gesprächen lag kein fixes Fragenschema zugrunde, der Themenbogen wurde weit gespannt und umfaßte im Wortsinn: Gott und die Welt. Insbesondere interessierte mich, mit welchen Problemen Priester im Rahmen der Seelsorge konfrontiert sind. Ist es der vielzitierte Kanon um Sexualmoral, Kirchenhierarchie und Stellung der Frau – oder geht es doch um ganz andere, tiefer rührende Dinge?

Die Auswahl der Theologinnen und Theologen, die Antwort geben, erfolgte subjektiv; sie bezieht einige der prononciertesten Vertreter des nicht immer friedvoll ausgetragenen Kirchendialoges mit ein. Die Fragen nach der absoluten Wahrheit und nach der Kompatibilität des Zeitgeistes mit dem Heiligen Geist ziehen sich wie ein roter Faden durch die Gespräche.

Es fehlt nicht an prägnanten Äußerungen, die alles andere als im Einklang mit der Lehrmeinung stehen, ja sich mit ihr aufs heftigste reiben; es fehlt aber auch nicht an Mut, die »letzten Dinge«, den Sukkus dessen, woran glaubt, wer glaubt, zu verbalisieren.

Um die Priester und Theologinnen in einen Bezugsrahmen zu den sogenannten einfachen Gläubigen zu stellen, habe ich drei Künstler, den Dirigenten Franz Welser-Möst, den Schauspieler Michael Heltau und den Architekten und Karikaturisten Gustav Peichl, in den Gesprächsreigen miteinbezogen.

Kunst und Religion bilden für sie ihren Schnittpunkt dort, wo das für den Menschen real Faßbare endet und in das Mysterium übergeht. Künstler wie Priester haben Katalysatorfunktion, sie können das Geheimnis, das Wunder thematisieren oder, anders gesagt, den Himmel einen Spaltbreit öffnen.

Läßt man diejenigen zu Wort kommen, die von Berufs und der Berufung wegen mit der Sache Gottes betraut sind, so bewahrheitet sich der Bibelsatz: Im Haus meines Vaters gibt es viele Wohnungen. Arthur Schnitzler hat diesen Pluralismus einst aphoristisch charakterisiert:

»Die wesentlichste Aufgabe des wahren Priesters wird es immer sein, Gott zu verteidigen gegen die Mißverständnisse, Überheblichkeiten und Zudringlichkeiten, die der Fromme für Glauben zu halten pflegt.«

Ich danke meinen Gesprächspartnern und allen, die mir mit Anregungen und Kontakten geholfen haben, dieses Buch zu verwirklichen.

Michaela Schlögl, im Sommer 1999

*In den folgenden Gesprächen tauchen verschiedene Ereignisse stichwortartig und andeutungsweise auf. Zur Orientierung sei ihnen eine kleine Chronik vorangestellt:

1995 »Fall Groër«
Hans Hermann Groër, der Nachfolger Kardinal Franz Königs, wird als Erzbischof von Wien mit dem Vorwurf konfrontiert, vor mehr als zwanzig Jahren Internatszöglinge sexuell belästigt zu haben. Groër nimmt zu diesen Vorwürfen nicht Stellung. Sein Rücktrittsangebot als Erzbischof wird, offiziell aus Altersgründen, angenommen. Christoph Schönborn wird sein Nachfolger.

1998 veranlaßt der Heilige Stuhl eine außerordentliche Visitation des Stiftes Göttweig, dem Groër als Ordensmann angehört; die Bischöfe Christoph Schönborn und Johann Weber fordern

Groër zu einem Wort des Bekenntnisses und der Vergebung auf, letztlich erfolgt eine gemeinsame Erklärung der Bischöfe Weber, Schönborn, Georg Eder und Egon Kapellari, man sei zur »moralischen Gewißheit« gelangt, daß die (strafrechtlich verjährten) Vorwürfe gegen Groër »im wesentlichen« zuträfen.

Das Kirchenvolksbegehren, das im Juli 1995 in Österreich und im Anschluß daran in Deutschland zur Unterschrift aufliegt, beschäftigt sich unter anderem mit den Konfliktfeldern Sexualität und Autorität. Unter dem Motto »Von der Bischofskirche zur Basiskirche« umfaßt der Forderungskatalog Mitentscheidung der Ortskirchen bei Bischofsernennungen (Bischof soll werden, wer das Vertrauen des Volkes genießt), die Gleichberechtigung der Frau inklusive Zugang zum Diakonats- und Priesteramt, freie Entscheidung der Priester für oder gegen Zölibat sowie eine »positive« Bewertung der Sexualität. Allein in Österreich erreicht es über eine halbe Million Unterschriften.

1996 Dialog für Österreich heißt die Antwort der Bischöfe auf die Forderungen des Kirchenvolkes. Auch Nichtkatholiken und nicht katholische Einrichtungen werden eingeladen, »von, mit und über Kirche« zu reden. Als Diskussionsgrundlage wird ein Grundtext formuliert, es folgen Delegiertenversammlungen et cetera.

1998/99 Abtreibungspille Mifegyne
Im Zuge der Debatte um die Zulassung der sogenannten Abtreibungspille Mifegyne wird die Frontstellung zur Fristenlösung wieder sichtbar: einige Bischöfe halten fest, daß sie nicht nur gegen die Zulassung von Mifegyne sind, sondern die gesetzliche Fristenlösung generell ablehnen. Die österreichische Gesundheitsministerin Barbara Prammer fordert die Kirche auf, sich aus der Diskussion überhaupt herauszuhalten.

Im Zuge eines Streits um formale Vorgänge betreffend den Fünfjahresbericht zum Ad-limina-Besuch der Bischöfe in Rom äußert Bischof Kurt Krenn, »die Lügner sollen das Maul halten«. Der

Sekretär der Bischofskonferenz, MICHAEL WILHELM, tritt zurück, Ägidius Zsifkovicz folgt ihm im Jänner 1999 in dieser Funktion nach.

Im März 1999 wird der Wiener Generalvikar HELMUT SCHÜLLER von Erzbischof Schönborn gekündigt. Die Art und Weise der Kündigung, ein blauer Brief auf der Türmatte des Gekündigten, erhitzt erneut die Gemüter.

FRANZ MIKL

Ich mußte die kirchliche Lehre als Irrtum beurteilen

In meinem Kärntner Elternhaus fand ich anläßlich eines Umzuges beim Räumen auf dem Dachboden zufällig das Matthäusevangelium. Es war nach dem Krieg. Das Buch war unansehnlich, auf schlechtem Papier gedruckt. Ich war damals siebzehn, und ich weiß noch genau, wie ich den Text auf der Bahnfahrt von Fürnitz nach Villach, auf den Holzbänken sitzend, las. Ich entdeckte die Bergpredigt. Besonders die Stelle »seid nicht ängstlich besorgt, betrachtet die Lilien des Feldes, die Vögel des Himmels« ließ mich Jesus plötzlich ganz gegenwärtig erleben. Dieser Eindruck ist mir unvergeßlich. In einer Missionszeitschrift stand, man könne Priester werden. Darauf habe ich an die angegebene Adresse nach Salzburg geschrieben. Die Antwort lautete, ich müsse die AHS-Matura nachholen, denn ich hatte eine höhere technische Lehranstalt besucht. Mein Vater, ein pensionierter Eisenbahner, las das und sagte: Wir haben kein Geld, das kommt nicht in Frage. Also schloß ich die HTL ab, ging nach Wien und inskribierte an der Technischen Hochschule Bauwesen. Mein religiöses Leben wurde intensiver, ich ging nun täglich zur Messe. Ich hatte schon einige Prüfungen absolviert, als ich meine Eltern im Oktober 1952 so nebenher fragte: Was würdet ihr sagen, wenn ich Priester werde? Bist du denn verrückt? war die Antwort.

Der Priesterberuf ist eben etwas sehr Ausgefallenes, damals wie heute.

Wieder während einer langen Bahnfahrt kamen mir Eingebung und Erleuchtung, die mir Sicherheit brachten. Ich trat in das Minoritenkloster in Wien ein und machte eine Zusatzmatura. Ich blieb dann in Wien, obwohl ich ein naturverbundenes Landkind war. Wir hatten in Kärnten eine kleine Landwirtschaft, und ich hütete im Sommer die Kühe. Eine herrliche Kindheit! Ich trieb mich oft im Wald herum, aber es war auch belastend, denn man hatte die Pflicht, auf die Kühe aufzupassen. Die Naturverbundenheit habe ich mit der Muttermilch eingesogen, und sie ist mir geblieben. Was mir auch angeboren ist, ist Wißbegierde. Ich habe mich über das Studium hinaus für alles interessiert, besonders für Philosophie.

Nach der Priesterweihe, 1958 durch Kardinal Franz König, gab es für mich die ersten drei Jahre nur Seelsorge: Jungschar, Jugendseelsorge, es war ein bißchen zuviel. Ich vernachlässigte die Theologie. Ein Universitätslehrer, Michael Pfliegler, hat mich geprägt mit seinem Diktum: Am Montag früh müssen Sie beginnen nachzudenken, was Sie am Sonntag predigen werden. Ich habe meine Predigten jetzt drei Jahre im voraus fix und fertig ausgearbeitet. Auch die Mahnung des Professors, daß man bei der Predigt in der Öffentlichkeit steht und den Leuten etwas zu sagen hat, habe ich mir zu Herzen genommen. Ich wiederhole niemals eine Predigt. Ich meditiere Lesungen, Evangelien und überlege: Welche Rosinen kann ich für die Gläubigen herausholen? Wenn mir eine Predigt, die ich vor zwei Jahren geschrieben habe und die jetzt fällig wäre, nicht gefällt, wird sie nochmals umgearbeitet. Warum ich für so lange im voraus schreibe? Weil ich jetzt den Geist und die Kreativität dazu habe. Ich will den Augenblick nützen. Da ich noch zehn Jahre predigen darf, muß ich mich für diese

Zeit vorbereiten. Manche Predigten entstehen in Sekundenschnelle, andere ringe ich mir ab, weil das Thema nichts hergibt oder die Wirklichkeit der Menschen so komplex ist, daß man sie kaum in Begriffe fassen kann. Ich brauche immer konkrete Beispiele. Zum Terminus Menschenliebe war das Mutter Teresa. Sie hat Menschen aus der Kloake in die Wohnung geholt, gewaschen, bekleidet und gemeint: Wenn die schon wie Tiere gelebt haben, dann sollen sie wenigstens in Menschenwürde sterben.

Die Präsentation meiner Reden, laut, leise, manchmal auch plötzliches Schreien, das mache ich ganz gezielt. Ich habe nie Schauspielunterricht genommen, das rhetorische Talent ist mir vom lieben Gott geschenkt. Ich setze es bewußt ein, um das Publikum anzurühren. Am Land müßte ich anders predigen, da wäre ich ungeeignet. Ich brauche ein anspruchsvolles Auditorium; anspruchsvoll sowohl der Bildung nach als auch im Glaubensverlangen.

1971, nachdem ich aus dem Orden ausgetreten war, manches war dort für mich nicht mehr erträglich, kam ich als Weltpriester nach Wien-Mauer. Meine Gemeinde hier will mehr vom Glauben, das weiß ich, und das kann ich bieten. Ich danke Gott für mein Charisma, ich freue mich darüber, und ich bemühe mich, das Beste zu geben. Von meinem Vater habe ich die Neugierde geerbt, von meiner Mutter das große Herz. Sie war kommunikativ, auch ich gehe gerne auf Menschen zu. Eine Predigt habe ich begonnen: Ich bin verliebt. Ich bin hoffnungslos verliebt. Bei Tag und Nacht liebe ich. Wen liebe ich? Die Menschen!

Bei meinem Doktorat hat der liebe Gott nachgeholfen: Drei Jahre nach der Priesterweihe sagte eine Jugendführerin: Wie wär's, wenn Sie das Doktorat machten? Mir wäre das nicht eingefallen. Ich stürzte mich also wieder in das Studium und promovierte über das Thema »Der heilige Franziskus und die Heilige Schrift«.

In Neunkirchen, wo ich dann landete, habe ich soviel gearbeitet, studiert, Seelsorge betrieben, daß ich körperlich und seelisch zusammenbrach. Als Gymnasiallehrer konnte ich verwirklichen, was ich in mir getragen hatte, ich bin über mich hinausgewachsen. Die Konfrontation mit Zehn- bis Achtzehnjährigen forderte, mich immer weiterzubilden und zu entwickeln. Ich kam zu einer eigenen Glaubenswelt, ich bin sehr glücklich, daß ich nicht in der alten Theologie steckengeblieben bin, sondern sie überwunden habe. Meine Parole lautete immer: Ich bin Katholik in der Gegenwart und nicht in der Vergangenheit und auch nicht in der Zukunft. Konkret heißt das, daß ich die Probleme, die die Menschen heute haben – Pille, Ehescheidungen und so weiter – behandle.

Ich kann die Menschen nicht mit veralteten Gesetzen abfüttern oder mit Zukunftshoffnungen trösten. Hic et nunc haben die Menschen Fragen, und heute müssen sie Antworten bekommen, damit sie jetzt als erlöste Menschen leben können. Die Antworten beziehe ich zuerst aus der modernen Theologie, etwa von Hans Küng, von dem ich sehr viel gelernt habe. Zweitens habe ich die kirchliche Lehre durchdacht, und ich mußte sie als Irrtum beurteilen. Drittens mußte ich durch ständiges Gebet und Meditation über mein gesamtes Glaubensleben zu Klarheit kommen und mir Rechenschaft geben, so daß ich meine Glaubensanschauungen vor mir selbst rechtfertigen kann. Ich habe nicht willkürlich oder aus Opportunismus der kirchlichen Lehre widersprochen, sondern weil ich sie ganz klar als unerträglich falsch erkannt habe. Sie ist keine Nahrung für das Glaubensleben der Menschen heute. Die Pillenenzyklika ist in sich total falsch, ein unerträglicher Irrtum. Daß geschiedene Wiederverheiratete nicht zur Kommunion gehen dürfen, ist unchristlich. Der Wiener Weihbischof Krätzl hat bei einer Tagung klipp und klar erklärt, wenn jemand in großer Not ist, etwa ein geschiedener Wiederverheirateter, dann benötigt gerade er die heilige Kommunion. Es ist unerträglich falsch, sie zu verweigern. Ich habe das schon vor zwei, drei Jahren praktiziert und somit jetzt eine Bestätigung vom Bischof erhalten.

Die Sakramente – Erstkommunion, heilige Messe, Beichte – versuche ich den Gläubigen modern anzubieten, das heißt weg vom Ritual, von den Zeremonien und hin zur Menschlichkeit. Das ist mir ganz gut gelungen, ich höre immer, wie schön die Taufe, die Trauung in meiner Kirche sind. Die Probleme der vorehelichen Sexualität erklärte ich den jungen Menschen in der Schule deutlich und klar. Jeder einzelne trägt eine ganz persönliche Verantwortung für seine Sexualität; wenn er darin Liebe zum Ausdruck bringt, ist es keine Sünde. Ich lache über mich selbst, aber ich hatte nie Probleme mit meinen Aussagen, weil ich sie klug vorzutragen wußte. Einmal fragte mich ein Schüler der achten Klasse: Der Papst verbietet aber die Pille!? Ich reagierte sofort: Für dich bin ich Papst! Ich empfehle dir, du mußt alles unternehmen, damit du kein Kind zeugst und dann abtreiben mußt. Ich habe auch den Mut gehabt, in der Schule zu sagen, daß es Situationen gibt, in denen man die Abtreibung als das kleinere Übel akzeptieren muß. Dafür habe ich allerdings fast immer Widerspruch von seiten der Schüler empfangen, die ja noch unreif sind, für sie gilt entweder – oder.

Im Laufe der Jahre ist für mich deutlich geworden, daß es nur den liebenden Gott gibt. Ich habe versucht, in der Schule das Bild des strafenden Gottes mitsamt der Hölle zu beseitigen. Ich bemerkte, daß viele Kinder und Jugendliche anscheinend einen richtenden, strafenden Gott brauchen. Da habe ich klar ausgesprochen, daß wir unterwegs sind zum liebenden Gott, wie Jesus gesagt hat: Gott ist unser Vater, und wir sind seine Kinder. In meiner Gemeinde ist es mir gelungen, den liebenden Gott durchzusetzen. Wir sind berufen, aus der Liebe heraus christlich zu leben, wir brauchen keine Angst zu haben vor Strafe oder Hölle.

Vor vierzig Jahren war ich so gefangen in den kirchlichen Strukturen, daß auch ich das Althergebrachte gelehrt habe, aber vor zirka zehn Jahren habe ich laut verkündet: Wir gehören nicht zur Kirche, wir sind Kirche. Selbstverständlich haben alle in unserer Kirche das Kirchenvolksbegehren unterschrieben. Keiner war enttäuscht, daß keine unmittelbare Reaktion von seiten der Amtskirche erfolgt ist. Solche Erneuerungen sind Revolutionen, das geht nicht von heute auf morgen. In der Schule habe ich immer verkündet, im Jahre 2050 wird es selbstverständlich verheiratete Männer und Frauen als Priester und Priesterinnen geben. Die Kirche denkt in Jahrhunderten.

Die Amtskirche mit ihrer veralteten Theologie, veralteten Liturgie und ihren veralteten Gesetzen kann sich so schwer erneuern. Obwohl das Zweite Vatikanische Konzil klar gesprochen hat: ecclesia semper reformanda, sprich: die Kirche muß ununterbrochen reformiert werden. Von Kapazitäten habe ich jüngst gehört: Diese Bischöfe sind zum Dialog nicht fähig. Sie sitzen noch immer hoch oben, verwalten göttliche Wahrheiten, diktieren nach unten. Man muß der Kirche viel Zeit lassen. Die Gläubigen sind ja bereit, Priester und Bischöfe zu akzeptieren, wenn diese die Gläubigen ernst nehmen – aus der Überzeugung heraus, daß der Heilige Geist in ihnen genauso wirkt wie im Priester und in den Bischöfen. Die Gläubigen nehmen ohnehin viel an. Priester und Bischöfe müssen umgekehrt sehr viel vom Glaubensleben der Gläubigen lernen und mit ihnen kommunizieren. Die Katastrophe der Kirche in der Gegenwart ist, daß der Papst sich einbildet, seine Ideologie diktatorisch durchsetzen zu können. Der gegenwärtige Papst ist als Persönlichkeit sicherlich großartig, er wird mit dem Verdienst in die Geschichtsbücher eingehen, daß durch sein Wirken der Kommunismus zerstört wurde. Aber er wird genauso als derjenige beurteilt werden, der die Kirche ins Mittelalter, in die Restauration zurückgeworfen und jeden Fortschritt vereitelt hat. Wir alle hoffen, daß der nächste Papst ganz anders sein wird, denn wir lieben die Kirche, und es wird immer eine Art Hierarchie geben, die aber nur dann christlich genannt werden kann, wenn sie mit den Gläubigen kommuniziert. Es soll in der Kirche nicht zu einer Demokratie wie im Staat kommen. Aber eine abgehobene Hierarchie ist in sich unchristlich. Jesus hat eindeutig und für alle gesprochen: Ihr seid Brüder und Schwestern, und nur einer ist euer Vater, der im Himmel. Die kirchliche Realität sieht freilich anders aus.

Die Pillenenzyklika war ein Todesstoß für die Kirche. Die Äußerungen des Papstes auf der ganzen Welt bezüglich der Sexualität und der Abtreibung sind unverständlich. Er hätte etwas anderes zu reden, nämlich Jesus Christus in den Mittelpunkt zu stellen, seine Liebesbotschaft und seine Erlösung und nicht diese moralischen Gebote. Die Bischofsernennungen der letzten Jahre sind auch ein Grund, daß manche austreten. Ich glaube, daß die Hauptursache der Austritte in Rom zu suchen ist und nicht bei einzelnen Glaubenswahrheiten. Wer wirklich als gläubiger Christ lebt, wird niemals aus der Kirche austreten. Denn alle Gläubigen, auch der Papst und die Bischöfe, sind irrende, sündige Menschen. Das muß man ihnen zugestehen. Die Überforderung der Amtskirche ist für mich unchristlich. Ihre Fehler werden in den Medien natürlich immer breitgetreten, daß aber innerhalb der Kirche unendlich viel Gutes geschieht, das wird verschwiegen. Stichwort: Mutter Teresa. Man hätte doch wochenlang in allen Medien verkünden müssen, was sie Großartiges vollbracht hat. Nicht nur sie, auch andere hervorragende

Christen werden durch die Medien verschwiegen. Das ist schade. Wir haben zwar das Prinzip, man soll das Gute nicht an die große Glocke hängen, aber da sollten wir schon ein bißchen aus uns heraustreten und unbescheiden verkünden, wie Gott in unserer Mitte wirkt.

Da wir nun einmal in einem Medienzeitalter leben, braucht die Kirche PR-Manager. Leider haben wir fast keine. Ich wäre auch nicht dazu geeignet, da brauchen wir junge Gläubige, die wir ausbilden und an die Medienplätze schicken. Das Christentum hätte genug anzubieten. Ich denke an die ORF-Serie »Religionen der Welt«. Was hat man über das Christentum gebracht? Kirche, Liturgie, ein bißchen religiöse Kultur in Musik und Malerei. Ich war erschüttert, wie man nur solche Nebensächlichkeiten darstellen kann. Im Mittelpunkt müßte doch immer Jesus, dieser Erlöser mit seinem ganzen Leben und seinen Äußerungen, stehen. Es müßte betont werden, daß mit Jesus eine neue Menschheit beginnt, mit all den verschiedenen Lebensformen und -ausformungen; das kann man nicht mit Liturgie und religiöser Kultur abspeisen! In den meisten Kirchen wird kirchliches Kulturgut weitergegeben und sehr wenig christliches. Altes wird tradiert, und es werden kaum christliche Antworten und Lebensmöglichkeiten angeboten.

Immer habe ich mich gefragt: wie kann ich christliche Nahrung geben, damit die Menschen als Christen lebendig und glücklich leben können? Das ist meine wichtigste Aufgabe. Ich würde mich nicht getrauen zu beurteilen, ob die Menschen früher gläubiger waren. Vieles war Tradition. Ich komme zur Überzeugung, daß unsere heutige Welt ähnlich der Konsumgesellschaft im 13. Jahrhundert zur Zeit des heiligen Franziskus ist. Auch damals hatten die wohlhabenden Menschen Schwierigkeiten, das Christentum zu leben. Da ist Franziskus aufgestanden und hat radikale Armut gelebt. Jeder Mensch muß mit seinen Zeitumständen fertig werden, ob in Armut, Reichtum, in einer technischen Zivilisation, bei Überangebot der Konsumgüter. Ich will nicht die Menschen in unserer Konsumgesellschaft schlechtmachen. Sie ist da, wir leben in dieser Gesellschaft, und wir müssen in ihr als Christen leben. In meinen Predigten betone ich niemals eine radikale Armut, ich praktiziere sie, indem ich in meiner Kirche vieles verschenke. Und ich merke, die Reichen in meiner Kirche, die Generaldirektoren von großen Banken, folgen meinem Beispiel. Das freut mich. Nach einer meiner Predigten über die Armut hat ein Freund gesagt: Das ist schön, der Franz hat uns heute erlaubt, reich zu sein.

Pflicht und Aufgabe des Christen ist es, sich in seiner Zeit zurechtzufinden und glücklich zu werden. Das ist der Wille Gottes, das sagt mir mein Gewissen. Wenn du heute geschieden und wiederverheiratet bist, dann mach dir keine Sorgen, was die Kirche vorschreibt, du mußt jetzt in der neuen Situation glücklich sein. Liebe deinen neuen Partner und deine neue Familie, entfalte dich.

Schwieriger ist es, wenn ein Priester heute in die Situation kommt, daß er eine Frau heiraten will. Da muß er sich entscheiden, und das ist eine schwere Gewissensentscheidung. Wenn er das Priesteramt aufgibt, darf er nicht glauben, daß er deswegen ein schlechter Mensch sei.

Alle modernen Theologen betonen: Zölibat ja, für diejenigen, die dazu berufen sind, aber nicht zwangsläufig. Die Entscheidung müßte zu jeder Zeit revidierbar sein. Der junge Mensch ist ein Superidealist, der glaubt, er kann den Zölibat halten, und dann kommen die großen Schwierigkeiten. Vor allem die Erfolglosigkeit. Der Priester sieht ja, wie wenig Erfolge er hat, und dann zweifelt er an seiner Berufung, an der Erlösung, er kapituliert – und es geht bergab ... Dann müßte man ihm zugestehen, daß sein Idealismus der Wirklichkeit nicht standgehalten hat, daß er auch als Verheirateter Priester sein kann.

Man muß auf Gott hören, immer wieder. Um Gott zu hören, muß der Priester ein betender Mensch sein. Es genügt nicht, daß er viel betet, er muß im Dauerzustand eines betenden Menschen sein. Der Priester muß ununterbrochen offen sein für Gott und seine Eingebungen und bereit sein, danach zu leben. Das ist nicht immer durchführbar, der Priester ist auch ein unvollkommener Mensch mit Fehlern und Sünden. Das Beten halte ich für den Mittelpunkt priesterlicher Existenz. Er kann nur empfangen und das Empfangene weitergeben. Der Priester muß unterwegs sein, für ihn gilt das Wort: wachsen und fruchtbar werden. Ich bin ununterbrochen gewachsen, hinein in Gott und hinein in das Geheimnis der Menschen, und das betrachte ich als das größte Geschenk Gottes. Der Mensch als das Ebenbild Gottes hat mich immer interessiert. Wer ist er? Wie kann ich ihn fördern, damit er göttlicher wird?

Ich habe jetzt mein vierzigjähriges Priesterjubiläum gefeiert – vor vierzig Jahren stand das Böse im Mittelpunkt priesterlicher Existenz. Es gab nur Sünder, die mußten zur Beichte getrieben werden, nur durch die Beichte wurden sie von der Sünde befreit. Diese Ideologie widerspricht dem Geiste Jesu. Jesus hat fast nie von der Sünde gesprochen und wenn, gibt es für Jesus nur eine Sünde: ihm nicht zu glauben, ihm, dem liebenden Gott. Im Laufe der Jahre habe ich erkannt, daß die Menschen gar nicht so große Sünder sind und daß Jesus uns die Liebe bringt. So habe ich immer mehr die Liebe Gottes als Nahrung angeboten, auf diesem Wege wurden meine Glaubensbrüder und -schwestern von Sünden befreit. Was Karl Rahner vor -zig Jahren gesagt hat, ist ewig gültig: Die modernen Christen müssen Mystiker sein, sie müssen innerlich Distanz gewinnen zu dieser Überfülle weltlicher Angebote, denn diese Überfülle ist eine Versuchung weg vom Geistigen, hin zum Materiellen, zum Vergnügen, zur Oberflächlichkeit. Alle meine Zuhörer wissen, daß ich ununterbrochen vom geglückten Leben spreche.

Ich betone: Niemand kommt in den Himmel, wenn er nicht schon ein bißchen Himmel auf Erden erlebt hat. Das ist die Freudenbotschaft, das Evangelium, weniger kann ich nicht verkünden, denn ich bin überzeugt, daß Jesus uns schon auf Erden glücklich machen will. Dem habe ich mich verschrieben.

Ich erlebe den Himmel auf Erden in der Natur, aber auch in der Musik. Meinem Charakter entsprechen Symphonien und Opern, ich benötige die Dramatik. Ich möchte mein Leben dramatisch erleben, es soll kein stilles Dahinplätschern sein, sondern Auseinandersetzung, Kampf, Ringen. Jesus ist Mensch geworden, wir Christen sollten sinnliche Wesen sein. Leider sind wir in dieser Beziehung sehr weit zurückgeblieben, aber das wird kommen. Vor vierzig Jahren bildete ich mir Askese ein, ich habe streng gefastet. Gott sei Dank wurde ich von diesem fanatischen Wahn befreit, heute lebe ich Vergeistigung und tätige Nächstenliebe. Auch in meiner Malerei beschäftige ich mich mit religiösen Themen. Meine Ölbilder, es sind sicherlich mehr als hundert, strahlen Freude aus, hier ist Gott schon gegenwärtig. Das ist die größte Aufgabe eines Menschen: sich selbst zu verwirklichen, so daß nur das Wirklichkeit wird, was Gott in ihn hineingelegt hat.

Ich habe keine Angst um die Kirche, weil Jesus Mittelpunkt dieser Kirche ist. Der Heilige Geist weht. Ob er bei der Papstwahl wirksam wird, das möchte ich weder bejahen noch verneinen. Ich betrachte den Papst und die Amtskirche als gar nicht so wichtig.

KLAUS KÜNG

Nur die Wahrheit macht frei

Ich hatte einen besonderen Weg. In meinem Leben gab es mehrere für mich nicht vorhersehbare Wendungen. Von klein auf hatte ich den Wunsch, Arzt zu werden, daher studierte ich Medizin. Vielleicht hing es damit zusammen, daß auch mein Vater praktischer Arzt war. Er hat aber nie auf mich in dieser Richtung eingewirkt, ich war ganz frei in meiner Berufswahl. In Wien, wo ich während der klinischen Semester praktizierte, stieß ich dann auf das Opus Dei. Ich war zwar schon vorher engagierter Christ, aber hier lernte ich wirklich beten. Die Aktivitäten im Rahmen des Opus Dei führten zu meiner Entscheidung, mein Leben in den Dienst Gottes zu stellen. Das hieß noch nicht, daß ich schon Priester werden wollte. Nach Abschluß des Studiums arbeitete ich bei Professor Hartmann auf der Pathologie im Elisabethspital in Wien. Ich war sehr gerne Mediziner, mein Ziel war, als Hausarzt tätig zu sein. Da wurde ich vom Opus Dei gefragt, ob ich nicht Priester werden wollte. Ich habe sofort zugesagt, es war für mich auf einmal keine Frage. Meine Überlegung war die: Ärzte gibt es viele, Priester nicht so viele. Es ist sicherlich wichtig, daß der Mensch gesund ist, noch wichtiger jedoch ist, daß er seinen Weg findet, letztendlich zum ewigen Leben.

Meinen Entschluß habe ich nie bereut. Schon als Arzt hatte ich mich mit Philosophie und Theologie befaßt; im Opus Dei sind ja alle Laien und studieren im Laufe der Zeit Theologie. Jetzt kam ich nach Rom an die Lateranuniversität. Nach Beendigung der Studien mit Lizentiat und Doktorat der Theologie kehrte ich nach Österreich zurück und arbeitete zunächst als Internist in Graz. Im Opus Dei müssen die Priesterkandidaten vorher jahrelang als Laien dem Opus Dei angehört haben, so quasi als viri probati, bewährte Laien. Die Rückkehr in den Arztberuf – nach der Unterbrechung durch das Theologiestudium – war zunächst gar nicht leicht. Doch nach ein, zwei Monaten war ich wieder mit Begeisterung Mediziner, und ich empfand diesen Beruf gar nicht als Arbeit. Dann wurde ich zu den Weihen zugelassen. Wie im Arztberuf war es für mich auch als Priester das höchste Ziel, den Menschen zu begegnen, ihnen beizustehen, zu helfen. Dazu kam dann die Begegnung mit Gott.

Die große Herausforderung und Zukunft der Kirche, gemäß ihrer Sendung, sehe ich darin, daß sie den Menschen beisteht, den Sinn des Lebens zu entdecken. Die Beantwortung der Sinnfrage steht in unserer Wohlstands- und Leistungsgesellschaft ganz im Vordergrund.

Der Mensch am Weg zu seinem Ziel stößt notwendigerweise an seine Grenzen, er bekommt seine Schwäche und Ohnmacht zu spüren. Die zentrale Aufgabe der Kirche ist es, dem Menschen, der durch seine Unvollkommenheit und die Schwierigkeiten des Lebens irritiert ist, wieder auf die Sprünge zu helfen. Eigentlich kann das nur Christus durch die Vergebung. Die Versöhnung mit Gott, mit den anderen und mit sich selbst ist eine der religiösen Grundfragen. Wenn die Menschen entdecken, daß sie in der Kirche Christus, den Erlöser, finden und daß das die Möglichkeit der Heilung ist, dann werden sie auch den Weg zu dem finden, was das Wichtigste im Leben ist: Gott lieben, die anderen lieben, eigentlich auch sich selbst lieben in der richtigen Weise.

Die Frage, wie man heute mit dieser Botschaft zu den Menschen durchdringt, ist schwierig zu beantworten, es gibt kein Patentrezept. Ich bin skeptisch, ob der Weg über die modernen Massenkommunikationsmittel führen kann.

Die Begegnung mit Gott ist immer eine persönliche Frage, die freilich der Verstärkung durch die Gemeinschaft bedarf. Wichtig sind Exerzitienbewegungen, die Menschen müssen Besinnung finden, um zu sich selbst und zu Gott zu finden. Ich sehe Hoffnungszeichen, daß viele den großen Wunsch haben, diese Quelle zu entdecken. Die Kristallisation von Oasen der Spiritualität, dazu gehören auch die neuen Bewegungen der Movimenti, ist von größter Bedeutung. Die persönliche Seelsorge, das Wecken der Initiative beim einzelnen, ist ebenso ein Ansatzpunkt wie die Pflege der Hauskirche. Der Familie als erste und wichtigste Schule des Lebens, der Liebe und des Glaubens kommt eine Schlüsselrolle zu. Sie ist Übungsplatz des christlichen Lebens. Wenn jemand Gott liebt, sollten es die anderen spüren. Gerade in der Wirrnis der vielfältigen Kommunikations- und Medienangebote glaube ich, daß Freude und Friede, all das, was dem Menschen Erfüllung bringt, gleichzeitig das ist, was der Wahrheit entspricht. Nur die Wahrheit macht frei.

Ich beobachte aber das vielfältige geistliche Angebot auch kritisch, denn es besteht die Gefahr, daß das Spirituelle heute wie eine Art Trostpflaster, wie ein Betäubungsmittel und als Ausflucht benützt wird. Die wahre Nachfolge Christi ist immer mit dem Hinhören auf seine Weisungen und einer entsprechenden Verhaltensänderung verbunden. Man könnte auch sagen: Christ sein bedingt Umkehr, ein Wort, das heute gar nicht gerne gehört und lieber ausgeblendet wird. Ich bin zutiefst davon überzeugt, daß es keine Erneuerung gibt ohne Umkehr, ohne Gestaltung des Lebens nach christlichen Geboten. Weisungen sind notwendig. Sie sind keine Einschränkung der Freiheit, sondern ein Weg, wie die Freiheit gefunden werden kann. Der heilige Paulus spricht von der Knechtschaft, der wir unterworfen sind und die wir überwinden müssen. Ich wiederhole: Nur die Wahrheit macht frei, und das impliziert, daß es Dinge gibt, die man nicht tut, und andere, die man bewußt zu verwirklichen versucht. In den Geboten Gottes sind auch Verbote ausgesprochen. Die Antipoden Gut und Böse können nicht eliminiert werden. Das Böse ist eine Negation des Guten und somit eine Wirklichkeit, der wir uns stellen müssen. Die Erkenntnis Christi ist mit dem Streben nach dem Guten verbunden. Christus hat seinen Ruf zur Umkehr mit sehr klaren Worten formuliert. Sicherlich ist die Liebe die Grundlage, aber wir können nicht zur Liebe gelangen, ohne gleichzeitig unseren Egoismus zu besiegen, unsere Bequemlichkeit und unsere verschiedenen ungeordneten Neigungen zu bekämpfen. Geben wir diesen Neigungen nach, so kommt es zu einem Riß in unserem Leben. Wenn es sich um eine wichtige Materie handelt und wir gegen ein Gebot Gottes verstoßen, kann es zu einem Bruch mit Gott kommen. Sünde ist Beleidigung Gottes.

Wir sind Gottes Abbild; wenn es zu einem Bruch mit Gott kommt, zieht der auch einen Bruch mit uns selbst nach sich. Das manifestiert sich in einer Disharmonie, die als Mangel von Freude, als Gewissensbisse, als Unruhe empfunden wird. Jede Sünde birgt auch einen Bruch im Verhältnis zu den anderen mit sich.

Der Mensch, der nicht betet, wird flach in seiner gesamten Verhaltensweise, er ist nicht bemüht im Umgang mit anderen und vernachlässigt sich selbst. Wer einen anderen verletzt, beleidigt, beleidigt damit Gott, der uns aufträgt, den anderen zu lieben. Wer Gott erkennt, lebt auch in Verantwortung dem anderen gegenüber.

Auf die Sexualmoral übertragen heißt das, daß wir das erste Gebot, das Liebesgebot, zu beachten haben. Viele

Jugendliche haben heute schon früh intime sexuelle Kontakte. Diese Praxis ist in den letzten beiden Jahrzehnten so allgemein geworden, daß diejenigen, die bis zur Ehe warten, als Ausnahme, als verklemmte Außenseiter gelten. Sogar von Priestern kann man in der Frage vorehelicher sexueller Beziehungen Verständnis oder die Aussage, es komme nur darauf an, daß sie sich wirklich liebten, hören. Damit aber Leib und Geist des Menschen in der Sexualität nicht gespalten werden, bedarf es einer geordneten Ausübung des Geschlechtstriebes, die auf Ganzhingabe abzielt. Dafür ist die Wahrung bestimmter Rahmenbedingungen unabdingbare Voraussetzung. Die geschlechtliche Vereinigung kann eigentlich nur zwischen Personen, und zwar zwischen einem Mann und einer Frau, die sich auf Dauer in selbstloser Treue verbunden fühlen, den Charakter einer leib-seelischen Ganzhingabe tragen. Sie muß ausschließlich sein, andernfalls verletzt sie die Würde der Person, die ausgetauscht wird, und bedeutet daher einen schweren Verstoß gegen die Liebe. Polygamie und Polyandrie sind mit der Würde des Menschen nicht vereinbar. Eine flüchtige Begegnung kann niemals Ausdruck einer Ganzhingabe sein. Auch aus der Heiligen Schrift sind rigorose Aussagen bezüglich der Ablehnung vorehelicher Beziehungen abzulesen. Die Bibel und der wahre christliche Geist sind aber deshalb nicht leibfeindlich. Im Gegenteil, es geht darum, daß der Mensch als Abbild Gottes eine hohe Würde besitzt. Der Ehebund zwischen Mann und Frau ist ein Abbild des Bundes zwischen Gott und dem auserwählten Volk beziehungsweise Christus und der Kirche. Sex ist kein geeigneter Weg, sich kennenzulernen oder die Liebe zu erproben. Abgesehen von gesundheitlichen und moralischen Bedenken ist es auch vom pädagogischen Standpunkt mehr als problematisch, wenn die besorgte Mutter der Tochter die Pille oder dem Sohn ein Präservativ gibt, damit das sogenannte Schlimmste vermieden wird. Die psychischen Auswirkungen sexueller Intimitäten treten auch dann ein, wenn keine Schwangerschaft zu *befürchten* ist. Ich möchte Jugendliche in der Frage früher sexueller Kontakte ermutigen, sich durch niemanden unter Druck setzen zu lassen, auch nicht durch das Diktum: das tun alle. Erstens ist nicht wahr, daß es alle tun, und zweitens kommt es nicht darauf an, ob etwas von vielen oder wenigen getan wird. Wichtig ist, ob unsere Verhaltensweise vor Gott richtig und für die eigene Entfaltung sowie für die anderer gut ist.

Die spezielle Frage der Zulässigkeit der Einnahme der Antibabypille betrifft das sechste Gebot. Eheleute sollen einander auch in der Sphäre des Geschlechtlichen lieben, nicht gebrauchen. Ihre Liebe soll offen sein für die Entstehung neuen Lebens und nicht egoistisch. Sie soll Ausdruck ihrer vollen Hingabe sein. Eheliche Liebe findet ihren Ausdruck auch im Geschlechtlichen, sie muß jedoch immer Respekt vor der Heiligkeit des Lebens wahren. Die Partner sollen sich fragen, was Gott von ihnen erwartet.

Es gehört zur Verantwortung von Eheleuten, zu Kindern, auch in größerer Anzahl, ja zu sagen. Kinder brauchen Geschwister. Gott hat Mann und Frau ein großes Herz gegeben; wenn sie ihr großes Herz nur auf ein Kind konzentrieren, ist die Gefahr gegeben, daß es ein Egoist wird. Die Ehepartner sollen gemeinsam und vor Gott entscheiden, wie viele Kinder sie haben wollen. Sollte zum Beispiel eine längere Pause zwischen zwei Kindern angebracht sein, so sollen die Ehepartner in Respekt zueinander Wege suchen, daß sich ihre Liebe nach wie vor in geschlechtlicher Hingabe zeigt, aber das Heilige des Lebens beachtet wird. Das kann zur Wahl einer natürlichen Empfängnisregelung führen.

Die sogenannte Pille danach ist aus mehreren Gründen

völlig abzulehen. Sie ist nicht nur ein Verstoß gegen die Liebe – wie alle empfängnisverhütenden Mittel, die die Entstehung des Lebens ausklammern und ausschließlich der sexuellen Befriedigung dienen –, diese Pille ist als Abtreibungspille direkt gegen das Leben gerichtet. Ihr Ziel ist die Tötung des werdenden Lebens, sie stellt daher auch einen Verstoß gegen das fünfte Gebot dar. Wie jede Abtreibung ist die Einnahme der Pille danach eine große Belastung für die Frau. Die Kirche müßte das Leben immer noch deutlicher verteidigen, von der Empfängnis bis zum natürlichen Tod. Man sollte sich jetzt nicht nur gegen diese Abtreibungspille wenden, sondern auch aufzeigen, daß die Fristenlösung eine tiefe Wunde schneidet, die von Tag zu Tag, von Jahr zu Jahr tiefer wird. Wir dürfen nicht sagen, diese Abtreibungspille ist furchtbar, aber die Fristenlösung akzeptieren wir. Jede Abtreibung ist ein schreckliches Vergehen gegen das Leben und hat Folgen für alle Beteiligten. Die Scheu, Dinge beim Namen zu nennen, sie Sünde zu nennen, hat fatale Folgen. Abtreibung ist eine schwere Sünde gegen das Leben, es stirbt ein Mensch.

Ich glaube, daß die Diskussion um die Stellung der Frau in der Kirche oft fehlgeleitet läuft. Mann und Frau sind gleich würdig und gleich viel wert, alle sind berufen, als Kinder Gottes zu leben. Die Verantwortung aller ist gleich groß. Innerhalb der Kirche gibt es für Männer das Weiheamt, das bedeutet eine besondere Dienstaufgabe. Man darf das nicht immer als eine Ausgrenzung der Frauen sehen. Es gibt so viele Aufgaben in der Kirche, die alle wichtig sind. Es ist ein Entwicklungsprozeß im Gange, daß Frauen ihre Fähigkeiten sehr bereichernd einsetzen können zum Beispiel bei der Einführung in den Glauben in der Familie, in der Schule, in so vielen Bereichen des kirchlichen Lebens, in denen Frauen eine große Rolle gespielt haben und spielen. Ich denke an historische Beispiele, wie

Katharina von Siena oder Teresa von Avila oder Brigitta von Schweden, die uns über die Wege des Gebetes große Einsichten vermittelt haben und wirkliche kirchliche Lehrmeisterinnen sind. Sie hatten auch eine beachtliche Autorität und übten auf Papst und Bischöfe einen großen Einfluß aus. Ich glaube, daß sich für jeden, der den Ruf Gottes wahrnimmt, Mann oder Frau, großartige Verwirklichungsmöglichkeiten ergeben. Wir müssen das Macht- und Prestigedenken überwinden. Was wir brauchen, sind Heilige. Wir verheddern uns immer in der Frage der Veränderung von Strukturen. Das Heilige verändert die Welt, egal auf welcher Hierarchiestufe. Wir brauchen natürlich auch die Hierarchiestufe der Priester.

Meiner Meinung nach steht fest, daß es nicht in der Befugnis der Kirche liegt, eine Änderung dahingehend zu bewirken, daß es innerhalb der katholischen Kirche auch Priesterinnen gibt. Das hängt wohl mit der Art des Heilsplanes Gottes zusammen. Christus wurde von einer Frau geboren, da stoßen wir an das Geheimnis des Heilsplanes Gottes. Wenn Gottes Sohn, der aus einer Frau geboren ist, uns zum Vater führt durch den Heiligen Geist, dann hat das seine Bedeutung. Hier eine Änderung vorzunehmen, dazu sind wir sicherlich nicht befugt. Jeder muß an seinem Platz die eigene Berufung wahrnehmen.

Zur Frage, ob der Zölibat als Zulassungsbedingung für das Priesteramt fallen darf, ist zunächst zu sagen, daß die Ehelosigkeit um des Himmelreichs willen biblischen Ursprungs ist (Matthäus 19,12). Wahrscheinlich haben die Apostel und viele ihrer Mitarbeiter von Anfang an zölibatär gelebt. Zölibat als Voraussetzung für den Empfang der Priesterweihe ist erst später in der katholischen Kirche aus guten Gründen allgemein verpflichtend eingeführt worden. Es hat aber immer auch Ausnahmen gegeben. Die katholische Kirche hat auch unierte Kirchen, in denen

Priester verheiratet sind. Es wäre aber ein großer Verlust, wenn die katholische Kirche auf einmal davon abginge, den Zölibat als Voraussetzung für das Priesteramt zu sehen, weil dieser bewußte Verzicht auf Familie Ausdruck einer besonderen Hingabe ist und damit Zeichen für Christus, der durch den Priester repräsentiert wird. Jemandem, der, weil er Priester werden will, den Zölibat gewissermaßen nur in Kauf nimmt, ohne ihn wirklich zu bejahen und von seinem Sinn überzeugt zu sein, wäre von der Priesterweihe unbedingt abzuraten, weil er nach katholischem Verständnis nicht die richtigen Voraussetzungen für seine zukünftige Aufgabe mitbrächte. Der Zölibat ist eine Herausforderung und ein bewußter Verzicht. Richtig gelebt, kann er den Priester sehr glücklich machen, weil auch ein Leben, in dem nicht jedes Bedürfnis gestillt wird, erfüllt sein kann. Der Priester ist für Gott und die Menschen da, er ist für diese Aufgabe frei, er hat in diesem Sinn eine sehr große Familie. Der Priesterberuf ist anstrengend, eine Familie kann da eine Belastung sein. Natürlich darf der Priester nicht allein gelassen werden, aber gerade das Zusammenarbeiten von Familien und Unverheirateten kann sehr gut funktionieren. Wenn die Gläubigen sehen, daß der Priester ein Mensch ist, der sich bemüht, dann hat das Vorbildwirkung.

Es ist ein Fehler, wenn die Kirche glaubt, immer komischere Dinge in Sachen Anbiederung an den Zeitgeist machen zu müssen. Den Leuten geht das auf die Nerven, sie laufen weg. Ich glaube, daß das Rütteln am Zölibat (als Zulassungsvoraussetzung) der ganz falsche Weg ist, er bringt keine Erneuerung. Die Erneuerung muß von innen, aus kleinen Zellen kommen, nicht durch das Niederreißen der Strukturen. Es besteht eher die Gefahr, daß durch die Fixierung auf Themen wie Zölibat, Sexualmoral et cetera die Kirche vom Eigentlichen, vom Mysterium, zumindest im Spiegel der Medienpräsenz, abgedrängt wird. Deshalb habe ich manchmal Zweifel, ob eine Kirchenerneuerung über die Medien erfolgen kann. Ich denke, Erneuerung kommt im stillen zur Welt. Ich kenne viele hoffnungsvolle Gemeinschaftszellen, in denen das Gebet gepflegt wird und die auch für junge Menschen anziehend sind. Seit längerem beobachte ich, daß sich manche Kirchen leeren, andere aber füllen. Das hängt oft damit zusammen, daß die Menschen das Geheimnis suchen. Das finden sie nicht in der Zeitung.

Auch viele Bemühungen um das Lebendigmachen der Liturgie sind fehlgeleitet, plötzlich steht nämlich die eigene Person im Vordergrund, und Christus bleibt im Hintergrund. Verloren geht durch vordergründige Liberalisierung auch die Ehrfurcht vor dem Mysterium. Viele Kirchenbesucher schwätzen in der Kirche oder kennen nicht einmal mehr die adäquaten Verhaltensweisen wie die Kniebeuge vor dem Tabernakel. Gerade das, was die Menschen suchen, wird versteckt. In einer europäischen Bischofssynode wurde das auch erkannt und formuliert, daß zur Umsetzung des Konzils das Mysterium Christi und der Erlösung viel deutlicher vergegenwärtigt werden müsse. Über die Medien ist das schwierig. Denn die Wahrheit hat nichts mit Quoten zu tun.

Kirche kann in ganz kleinen Zellen entstehen, es ist oft passiert, daß von einzelnen eine Erneuerung ausgegangen ist. Wo die Wahrheit ist, ist Christus, und dort entsteht Kirche. Wahrheit hängt nicht vom Applaus der Menschen oder der Mehrheit ab. So wie es Gut und Böse gibt, gibt es Wahrheit und Lüge, und das sollte man sich nicht scheuen auszusprechen. Es geht darum, Christus klar zu verkünden. Und wo die Wahrheit verkündet wird, gibt es immer auch Widerspruch. Das ist ein Gütezeichen und führt uns auf Wege des Evangeliums.

Ich glaube, daß in einer Zeit wie der heutigen ein christliches Mitläufertum auf Dauer kaum möglich ist. Einflüsse der Medien, des Konsumverhaltens und der materialistisch orientierten Gesellschaft sind so stark, daß nur derjenige, der sein Leben bewußt christlich gestaltet, entsprechende Prioritäten setzt. Nur wer sich mit dem Glauben bewußt und aktiv auseinandersetzt – das ist auch eine intellektuelle Frage – und wer sich dann bemüht, auch so zu leben, nur der kann Christ sein. Die heutige Situation ist der in den Anfängen des Christentums vergleichbar. Der Christ muß zu vielen Dingen bewußt ja sagen, zu anderen nein. Das setzt ihn in Kontrast zum Rest der Gesellschaft, die, wenn es eine postchristliche Gesellschaft ist, allergisch auf solch klare Stellungnahmen reagiert. Das schlechte Gewissen wird erweckt, wenn die Lauen plötzlich einen Menschen sehen, der wirklich christlich lebt. Es gibt oft nur noch Brauchtum, das irgendwie an Christus erinnert, aber im Kern leben die Menschen ein heidnisches Leben.

Die Schulen sind heute nicht mehr in der Lage, den Glauben zu vermitteln, die Schüler stammen zu einem Großteil aus nicht praktizierenden Familien. Wenn von zwanzig Schülern nur drei einen Bezug zur Religion haben und die restlichen nicht einmal das Primitivste, wie das Kreuzzeichen, kennen, ist das sehr schwierig. Auch die Lehrer sind natürlich, ohne daß ich das jetzt negativ brandmarken will, ein Abbild unserer pluralistischen Gesellschaft. Kinder werden daher früh, ohne dafür gerüstet zu sein, mit unterschiedlichsten Weltanschauungen konfrontiert. Aufgrund dieser Situation werden in der Schule kaum Werte vermittelt, nur Information, Stoff. Die meisten Leute beziehen ihr Wissen über den Glauben aus den Medien. Was sie da mitbekommen, ist eher katastrophal. Im Fernsehen erhalten die Kinder von klein auf ein Scheinbild des Lebens.

Fast alles ist auf Orientierungslosigkeit angelegt. Das ist ein fortschreitender Prozeß, die jetzige Elterngeneration ist bereits so aufgewachsen. Es gibt einen Niedergang des religiösen Wissens, der die religiöse Kommunikation erschwert. Vieles, was die Kirche in die Öffentlichkeit hineinspricht, ist unverständlich, nicht den Worten nach, aber die tieferen Bedeutungen sind den Leuten nicht zugänglich, da ihnen die Voraussetzungen fehlen. All das läuft auf eine Verflachung des religiösen Lebens hinaus. Das religiöse Multikulti, die Relativierungen, die alles als wahr bezeichnen, führen zu einer Zerstörung des Religiösen. Es kommt zu einer völligen Subjektivierung, die darin gipfelt, daß sich der Mensch nicht an Gott und seinen Geboten orientiert, sondern umgekehrt versucht, Gott und die Gebote an seinem Leben zu orientieren. Der Mensch macht sich dann selbst zum Götzen, doch plötzlich merkt er: Er ist kein Götze, sondern ein Knecht. Einer Gesellschaft, die nur dem Genuß und dem Erfolg nachläuft, bleiben am Ende nur die Girlanden auf den Straßen im Advent übrig.

PATER PLACIDUS (KLAUS) SUPPAN

Wir haben die Aufklärung noch nicht überwunden

Das Problem eines Gottesdienstes vor leerer Kirche kenne ich nicht. Bei mir ist die Kirche immer voll! Die Leute gehen heute zur Sonntagsmesse nicht mehr unbedingt in die eigene Pfarre, sondern sie suchen sich Plätze aus, wo sie gerne sind, wo sie Gemeinschaft erleben.

Es mangelt in der Kirche im allgemeinen an Gemeinschaft. Was fehlt, ist eine Heimat. Wenn dann noch innerkirchliche Differenzen in den Gottesdienst hineingetragen werden, ist es ganz vorbei. Vor allem Jugendliche fühlen sich von dem hausgemachten Zwist angewidert und gehen nicht mehr in die Kirche. Doch daraus kann man nicht auf ihren Glauben schließen. In einer siebenten Klasse Gymnasium habe ich mit meinen Schülern über das Beten gesprochen. Die haben aufgepaßt wie die Haftelmacher. In irgendeiner Form beten die meisten, zum Teil ritualisiert, zum Teil aber so verinnerlicht, daß sie das nicht verbalisieren können. Es liegt an uns, als Priester oder Lehrer, die richtigen Themen anzuschneiden.

Fragen, die die Menschen in ihrem täglichen Leben betreffen, zum Beispiel das Thema der künstlichen Befruchtung, würde ich in einer Predigt höchstens anreißen, aber nicht ausführlich darüber sprechen. Das gehört nicht zur Eucharistie. Darüber können wir nachher reden. Wenn mich jemand konkret fragt, ob er das machen darf, ob das nicht mit dem Satz kollidiert »Du bist nicht Herr über Leben und Tod«, dann antworte ich ihm: Freilich darfst du es machen. Solange du nicht ein Kind mit blauen Augen und blonden Haaren erzeugen willst, ist das in Ordnung. Es passiert mir oft, daß ich in einer Predigt etwas bloß erwähne, und nachher kommt jemand zu mir und sagt: Wie war das gemeint? In der Predigt selbst rede ich nur über das Evangelium. Ich weiß bei der Predigtvorbereitung, was gerade aktuell ist, was wen bewegt. Oft predige ich auf einen bestimmten Menschen hin, der vor mir in der Kirche sitzt. Zehn fühlen sich dann angesprochen. Im Unterricht hingegen kommen wenige Fragen zu aktuellen Problemen. Über die Pille sprechen wir regelmäßig in der dritten, vierten Klasse, und sie fragen auch schon einmal: Warum haben wir in der Klosterschule keinen Kondomautomaten? Dann sage ich, ihr könnt ja in die Apotheke gehen.

Aber immer mehr spüre ich den kirchlichen Themen gegenüber Ignoranz. Dasselbe beobachte ich zum Beispiel mit dem Unterrichtsfach Geschichte, das ist auch höchst unbeliebt. Viele wollen einfach für sich sein, ihr Leben meistern, einen breiten Weg vorfinden, auf dem sie gehen können. Bei uns auf dem Land bilden diejenigen, die auf dem Egotrip sind, noch eher die Ausnahme. Aber die meisten wollen immer zufrieden und akzeptiert sein. Ich spüre gar keine spezielle Ablehnung der Kirche gegenüber, sondern nur eine Wurschtigkeit, die sie genauso dem Staat gegenüber an den Tag legen. Das kommt von den allerorts kolportierten negativen Images: es gibt im Staat nur Gauner, alle Politiker sind Gauner, in der Ehe sind alle nur Gauner, und in der Kirche sind alle Gauner. Würden wir als Kirche auf die Jugendlichen zugehen, wären sie leicht zu haben.

Ich reise viel und beschäftige mich mit anderen Religionen, das manifestiert sich in meinen Themen beim Religionsunterricht, aber auch in meiner Pfarre.

Ich habe vor der barocken Wallfahrtskirche einen buddhistischen Zen-Garten errichten lassen. Im Gegenzug entsteht zur Zeit in Tokio eine Wallfahrtsstätte mit der Muttergottes von Frauenberg. Wir möchten damit den Buddhisten in Tokio zeigen, was unsere Wallfahrtstraditionen sind und daß wir letztlich die gleichen Wege gehen. Es geht darum, still zu werden, Ruhe zu finden. Dafür braucht der Mensch Symbole, die es ja schon in jeder mittelalterlichen Kathedrale gab, wie zum Beispiel die Mandalas (Gebetsbilder in Symbolsprache), die den Meditierenden führen.

Leider sind wir heute in der Kirche viel zu nüchtern und haben diese Symbolsprache, die nach innen führen soll, verlernt. Die Fensterrosetten in den französischen gotischen Domen bezwecken dasselbe wie die Steine im Zen-Garten: Hier sollst du sitzen, schauen, innerlich ruhig werden, zu dir selbst und zu Christus finden. In den Zen-Garten kommen vor allem junge Menschen, sie sitzen und schauen. Der Dichter Wolfgang Bauer hat mich unlängst angerufen und gesagt: »Ich habe gehört, du hast einen Zen-Garten, ist er auch schön? Ich muß einmal kommen!« Wenn ich sehe, daß jemand in diesem Zen-Garten sitzt, gehe ich meist hinaus und warte, ob Erläuterungen von mir gewünscht sind. Die Symbolik der drei Steine Welt, Universum, Mensch erkennt kaum jemand von selbst. Wenn ich in den Zen-Garten gehe, trage ich immer den Habit. Jeder soll auf den ersten Blick sehen, daß ich katholischer Priester bin, der zu dieser Wallfahrtskirche gehört. Und dann erkläre ich, daß wir Christen dieselben Ausgangspunkte wie zum Beispiel der Buddhismus haben, um innerlich still zu werden. Der Buddhismus, der bei uns gepflegt wird, hat ja mit dem Buddhismus in Indien oder Sri Lanka rein gar nichts zu tun.

Ich bin überzeugt, als Europäer kann man nicht ernsthaft Buddhist werden. Ein Grund, warum heute so viele, auch prominente Künstler, zum Buddhismus übertreten und das auch noch publik machen, ist das Meditationselement dieser Religion. Meiner Meinung nach sind aber diejenigen, die sich mit ihrem Übertritt zum Buddhismus und seiner vermeintlichen Überlegenheit gegenüber dem Christentum brüsten, weder echte Buddhisten noch können sie je echte Christen sein, da sie für gelebte Nächstenliebe viel zu oberflächlich sind. Diese Leute erliegen einfach einer spätpubertären Hermann-Hesse-Welle. Sie wollen zu sich finden, aber mit der Welt kommen sie nicht zurecht. Dabei sind bestimmte Arten des buddhistischen Denkens und Lebens für uns Christen durchaus akzeptabel und hilfreich. Dazu zählt beispielsweise die buddhistische Sicht des Lebens, die eine ganzheitliche ist. Auch die Einstellung des Buddhisten gegenüber den Bedürfnissen und Konsumgelüsten ist für uns relevant, denn da heißt es: Ein Leben, das sich nur nach Trieben und Bedürfnissen richtet, kann nie befriedigend sein. Ich glaube, diese Argumente ziehen in unserer Gesellschaft. Der Buddhismus mit seiner immanenten Passivität ist für diese übersättigten Menschen als Ideologie im Vorteil. Das Christentum ist eine aktive Religion, Christen sollen aktive Nächstenliebe leben. Der Buddhist erleidet. Der Christ soll Initiativen ergreifen. Im extremen Buddhismus ist mir der Nächste egal, jeder muß sein Karma finden und vollenden, im Buddhismus gibt es keine Nächstenliebe, nur Zusammenleben. Der parallele Weg zwischen Christentum und Buddhismus ist lediglich der hinein ins Innere.

Wir haben ein viel zu enges Verständnis anderen Religionen gegenüber.

Ich denke nur daran, daß in der katholischen Kirche in Tokio der Priester Buddhisten traut. Nach katholischem Ritus. Der Priester segnet die Heiratenden – weil es denen so gefällt. Die katholische Kirche in Japan lebt von Trauungen und von Begräbnissen. In Japan ist das Preisniveau bekanntlich sehr hoch, die katholische Kirche hätte dort sonst keine Einnahmen. Die Urnen stehen in einem Tresorraum im katholischen Kloster, dort kommt einmal im Jahr der buddhistische Mönch hin, um den Verstorbenen ihre Totennamen zu geben, wie das im Buddhismus üblich ist. Kein Mensch findet dieses Nebeneinander sonderbar. Davon können wir etwas lernen.

Der österreichische Pater und Buchautor David Steindl-Rast ist mir in dieser Hinsicht ein Vorbild. Er hat in Kalifornien, zwischen Los Angeles und San Francisco, ein interkonfessionelles Zentrum errichtet, wo ein indianisches Religionsinstitut, ein Zen-Zentrum und ein benediktinisches Kloster durch weite Wanderwege miteinander verbunden sind. Das Tolle daran ist die gegenseitige Kontaktnahme, die Inspiration: was können wir uns von den anderen abschauen und aneignen? Nach dem ersten Schritt, der Meditation, müssen wir Christen aber unbedingt den zweiten, aktiven zur Nächstenliebe, tun. Die Motivation dazu durch den Priester soll in der Eucharistie im Gottesdienst erfolgen. Ich habe hier zwei Gruppen, Selbstfindungsgruppen, die kommen nach den Gesprächen dann auch in die Messe. Solche Aktivitäten kann man schwer beschreiben und definieren, Gemeinschaft muß gelebt werden. Daß sie zuwenig gelebt wird, ist mit ein Grund für die Krise der Kirche.

Die Kirche ist in einer Krise, überall in der westlichen Welt, außer in den Vereinigten Staaten. Im Rahmen einer TV-Diskussion unter Religionswissenschaftlern hat ein Amerikaner kürzlich festgestellt, daß der Glaube nur in Europa derartig intellektualisiert wird. In Amerika geben siebzig Prozent der Bevölkerung an, religiöse Erlebnisse gehabt zu haben. Das Nicht-Geistige an der Religion, das Gefühlsmäßige, können wir Europäer so schwer vermitteln. Ich bemühe mich um diese sinnliche Komponente, es gibt kaum Kirchen, wo so viele echte Wachskerzen brennen wie in meiner Wallfahrtskirche. Das schafft eine emotionale Bindung. Ich bin gegen die Kopflastigkeit der Kirche. Schuld an der Überbewertung des Intellekts ist die Aufklärung. Wir Europäer haben die Aufklärung noch nicht überwunden.

Das gilt nicht nur für die Kirche, sondern für unsere Welt als solche. Wir versuchen, alles zu beweisen. Das beginnt schon bei den Partnerschaften, wo einer vom anderen verlangt: Beweis mir das, daß du mich gerne hast!

So wie in der Medizin das ganzheitliche Denken im Kommen ist, so soll es auch im Christentum sein. Religion soll lebendig sein, hautnah. Gefühle müssen ausgelebt werden. Das kann aktiv oder passiv passieren, ich kann auch einfach dasitzen und Gefühle wie Geborgenheit oder Ruhe empfinden. Eine rhythmische Messe kann ein Weg dazu sein. Die Menschen müssen anspringen. Viele Kirchgänger vollziehen ja eine Personenspaltung, sobald sie die Kirche betreten. In der Kirche sind sie die Guten, der böse Alltagsmensch bleibt draußen vor der Türe stehen. Auch da muß eine Vereinheitlichung stattfinden. Diese Schizophrenie ist unmöglich und mit ein Grund für die angesprochene Kirchenkrise.

Das, was in Österreich als sogenannte Skandalgeschichten durch die Medien gegangen ist, Stichwort Krenn und Groër, wird bald vergessen sein. Diese Geschichten interessieren nur Randchristen. Das sind solche, die sich Christen nennen und einen Vorwand suchen, um ihr schlechtes oder gleichgültiges Gewissen zu beruhigen. Ob sie jetzt austreten oder nicht, ist nicht der Punkt. Wieweit der Wohlstand der Konsumgesellschaft die Kluft zur Kirche vergrößert, kann ich als Landpfarrer nicht beurteilen. In der Stadt, in anonymen, großen Gemeinden, mag es anders sein als bei mir, wo ich jeden kenne. Ich besuche jeden mindestens zweimal im Jahr, einmal anläßlich des Sternsingens und dann noch einmal. Die, die der Kirche negativ gegenüberstehen, freuen sich trotzdem über meinen Besuch. Wie in New York jeder seinen Psychiater hat, kommen hier alle zu mir, wenn es wirklich brennt. Wenn jemand stirbt, holt man nicht irgendeinen Priester, sondern mich, egal in welcher Familie. In den letzten fünfzehn Jahren sind hier nur zwei Menschen gestorben, ohne daß ich dabei war.

Natürlich funktioniert das nur in sehr kleinen Orten. Aber der Wahnsinn, den man hier betreibt, ist, daß man nicht Diakone weiht, daß man nicht mehr Priester macht, die Seelsorger sind. Es nützt nichts, wenn ein noch so guter Pastoralassistent da ist, wenn er nicht in den sakramentalen Bereich integriert ist. Für die Leute ist er kein Pfarrer. Die Gläubigen brauchen Bezugspersonen. Ob diese Fehler und Schwächen haben, ist nicht so wichtig, sie müssen da sein. Bei meinen Krankenbesuchen begleitet mich eine Hausfrau aus dem Pfarrgemeinderat, die ist im Gespräch zehnmal besser als ich. Diese Leute gehören aufgewertet. Aber bei uns wird alles nur zerredet und breitgetreten.

Mein Leitspruch lautet: Ein Quargel, auf dem man herumtritt, stinkt nicht mehr, er wird nur breiter. Das Motto muß lauten: Engagement statt oberflächlichem Gerede. Ich habe das am eigenen Leib erlebt. Ohne den Abt Koloman aus Admont, der die Jugend angesprochen hat, hätte ich vielleicht Jus studiert. Er war die charismatische Person, die schon im Jahrgang vor mir vier und in meinem Jahrgang wiederum vier zur Noviziatsentscheidung brachte. Nach dem Doktorat war ich dann Kongregationssekretär, nebenbei habe ich Psychologie studiert, was ich aber nicht abgeschlossen habe. Ich habe in München studiert und in Berlin ein bißchen von der 68er Revolution hautnah miterlebt. Wir haben intellektuell gestritten, es war toll. Ich habe viel gelernt, Dialektik, Streitkultur. Mit mir zu streiten ist seither nicht lustig. Damals, 1968, hat die Kirche nicht politisch agiert, und das war sehr klug.

Wir hatten einen Kaplankreis, wo wir glaubten, wir könnten diese Welt verändern. 1969 ist in München ein neuer Stadtteil, Blumenau, eröffnet worden, sieben-, achttausend Leute sind dort innerhalb eines Monats hingezogen, im Zentrum war die neu errichtete Kirche. Es gab aktive Kreise für Familien, Kinder, Ausländer – alles hat sich dort getroffen. Damals war die Kirche offen, und wir hatten viel Hoffnung. In der Folge sind ja allein in der Steiermark achtzig Priester ausgetreten, weil sich diese Hoffnungen eben nicht erfüllt haben. Wenn wir die alle zurückgehalten hätten, hätten wir keinen Priestermangel, denn diese Leute haben sich hundertprozentig eingesetzt für die Kirche.

1970 war die europäische Bischofskonferenz in Chur, anläßlich derer sich junge Geistliche aus ganz Europa trafen. Ich war über den Münchner Kaplankreis dort, hatte einen Presseausweis und berichtete täglich im Süddeutschen Rundfunk. Ich erinnere mich an sehr positive Ansätze mit den Bischöfen Weber und Wechner. Leider wurde das alles zunichte gemacht, weil sich Papst Paul VI., der sehr, sehr großzügig war, doch nicht getraut hat, den Zölibat aufzuheben. In Südamerika haben damals die Priester scharenweise geheiratet. Es war knapp daran, daß die Bischofskonferenz entschieden hätte, den Zölibat fallen zu lassen. Viele dachten damals, wenn es soweit ist, heirate ich auch. Da diese Entscheidung nicht fiel, sind sie ausgetreten! Daß am Zölibat festgehalten wurde, liegt meiner Meinung nach daran, daß Paul VI. Italiener war. Die Situation in Deutschland, Österreich und Südamerika war sehr verschieden von der in Italien. Ich hatte in Rom eine Großtante, in deren Haus wohnte ein Prälat des Vatikan. Der kam in Monsignore-Rot, unten hat die Freundin gewartet, dann hat er sich umgezogen, ist mit ihr ins Auto gestiegen und fortgefahren. Kein Mensch hat gefragt: Was macht der? Es war einfach so. Papst Paul VI. hat sich unter diesen Umständen nicht einzugreifen getraut, er war zu feig. Obwohl ich glaube, daß wieder eine Gesellschaft kommen wird, in der der Zölibat wertvoll wird, vor allem für die Jüngeren. Ich bin absolut für die freie Entscheidung für oder gegen Zölibat, von Jugend an. Man muß auch heiratsfähig sein. Einen Partner findet man ja unter Umständen, aber ob man nach zehn Jahren im Kloster noch partnerschaftsfähig ist, bezweifle ich. Man hat nie gelernt, mit jemandem gemeinsam Probleme zu lösen. Ich löse meine Probleme alleine. Wenn ich nach Hause komme, schließe ich die Türe und lebe in meiner Welt. Hätte ich das Kommunizieren mit einer Familie gelernt, wäre es gut, wenn ich eine hätte.

Daher wünsche ich mir die Option für die kommenden Geistlichen; die jetzigen sind ohnehin schon alle zu alt und zu blöd für die Ehe. Ein Junger soll entscheiden können, ob er den Weg Priestertum plus Ehe gehen kann. Aber wenn ich vorher nie eine Frau anschauen darf – das kann nicht gutgehen. Für diejenigen aber, die sich freiwillig für Ehelosigkeit entscheiden, ist das Klosterleben ideal. Da ist eine Gemeinschaft mit religiösem, wirtschaftlichem und menschlichem Hintergrund da, wo man aufgehoben ist. So kannn man zölibatär leben. Aber als Weltpriester oder Missionar? Die sind doch schrecklich einsam. Es ist auch aus der Bibel nicht ableitbar, daß Priester nicht heiraten sollen, Petrus war verheiratet. Der Fall des Zölibats wird kommen. Ich habe zwar schon bei einer Wette eine Flasche Sekt verloren, daß es vor der Jahrtausendwende so weit sein wird, heute würde ich wieder wetten für die nächsten zehn Jahre. Das Schlimme an der jetzigen Situation ist, daß viele der Ausgetreten ihr Leben als gescheitert beurteilen, wie das Adolf Holl in seinem autobiographischen Buch tut. Ein gleichzeitig mit mir zum Priester Geweihter, der jetzt Mesner ist, behauptet, seine Mutter hätte sein Leben zerstört, weil sie wollte, daß er Priester wird. Natürlich gibt es solche Situationen nicht nur im Priesteramt. Ich hatte vor kurzem drei voneinander vollkommen unabhängige Fälle in der Pfarre: drei Frauen, jede von ihnen mit sechs Kindern. Jetzt, da diese groß sind, verlassen sie ihre Männer, erklären ihr Leben für verfehlt und sagen, daß sie die Ehemänner nie geliebt hätten. Alle drei sind sehr religiöse Frauen.

Es scheint etwas Zeittypisches zu sein, daß man sagt: Ich habe etwas vergessen, verloren, ich muß jetzt abrechnen! Frühpensionisten sind von dieser Panik genauso betroffen. Was haben sie noch zu erwarten, außer ein paar Fernreisen, wenn mit dem Tod alles aus sein soll? Die wissen alle nicht, wo sie sich anhalten sollen.

Ich komme zurück zum Buddhismus, der weiß, wo man sich festhalten soll: Halt findest du in dir selbst. Christus sagt, wenn du einen Fehler gemacht hast, mach es neu, schau nicht zurück. Wir sollen nach vorne schauen, als Christen haben wir das Ziel der ewigen Seligkeit. Und zum Diesseits sagt Benedikt, alles, was du tust, auch die Arbeit, sei dir heilig. Ich sage den Ehepaaren: was ihr in der Ehe tut, ist heilig. Auch wenn ihr streitet, ist das heilig, denn die Ehe ist heilig, als Verbindung von Leib und Seele, ganzheitlich. Auch in der Kirche hoffen wir ja immer, daß der nächste Bischof, der nächste Papst etwas ändert. Aber in Wirklichkeit muß ich mit meinem Gewissen ins reine kommen, das ist das oberste Gebot.

Die zehn Gebote sind reine Sozialgesetze, Normen, nach denen ich mein Leben aufbauen muß, aufgrund von deduktiven Erfahrungen des Gemeinschaftslebens. Das »Du sollst den Tag des Herrn heiligen« ist das sozialste Gesetz, das es je gegeben hat. In unserer Gesellschaft kann ich jeden ausnützen, wenn ich ihm Geld gebe, dann arbeitet er eben an sieben Tagen der Woche. Aber das Gebot »Du sollst an einem Tag nicht arbeiten« bedeutet, an einem Tag sollst du ruhen, und mit dir deine Frau, deine Kinder, deine Freunde.

Das Gewissen greift dann ein, wenn ich gegen die zehn Gebote handle. Beispielsweise »Du sollst nicht stehlen«: Wenn ich arm bin und stehle, um mein Überleben zu retten, kann die Situation so zugespitzt sein, daß ich sogar verpflichtet bin, zu stehlen. Dasselbe gilt sogar für das Gebot »Du sollst nicht töten«, wenn etwa ein Mädchen sich in Gewissensnot befindet, weil sie schwanger ist. Wenn der Freund sie wegjagt, die Mutter droht, sie verurteilt und im Stich läßt. Dann würde das Kind, das sie erwartet, das Leben des Mädchens zerstören. Selbstverständlich soll sie dann abtreiben. Ich muß ihr die Gewissensnot nehmen, und dieses Gebot ist stärker als das Gebot, du sollst nicht töten. Ich glaube, man muß immer den Einzelfall bewerten. Man darf nicht generell sagen, weil du zu faul warst, die Pille zu nehmen, treib ab. Die Entscheidung muß streng abwogen werden.

In Japan ist die Abtreibung verboten, weil die Ärztekammer dagegen ist. Es gibt dort eigene Tempel für die abgetriebenen Kinder, die zur Familie gezählt werden. Tausende von kleinen Kinderstatuen stehen herum. Ich kenne das durch meine Japanreisen.

Doch öfter noch reise ich nach Amerika. Ich habe viele Freunde drüben. In den USA habe ich auch meinen Test gemacht: ich war vierzig Tage alleine in der Wüste, habe nur Wasser getrunken. Der Hunger hört von selbst auf. Ich wohnte auf einer einsamen Ranch, rundherum absolut nichts. Es war wunderbar. Ich war darauf vorbereitet durch Supervisionskurse mit Drogensüchtigen. Da lernt man sich selbst sehr gut kennen, das ist Voraussetzung dafür.

Ich halte in den USA auch Gottesdienste. Von der Religiosität der Amerikaner können wir uns viel abschauen, von ihrer Gebetskultur! Es stimmt nicht, daß die Amerikaner eine reine Konsumkultur leben. Religion ist in den Vereinigten Staaten viel mehr ins Leben integriert. Gottesdienste drüben sind oft auch lustig. Ich finde das einfach toll, wenn der Priester am Beginn der Messe sagt: Hallo, I am happy, you joined my party!

MICHAEL HELTAU

Ich wollte das Weihrauchfaß schwingen

Religion erfährt man am schönsten als unverbildetes, kleines Kind durch das gelebte Beispiel der Erwachsenen. Ich bin in einer Großfamilie gemeinsam mit Urgroßeltern, Großeltern und Eltern aufgewachsen. Die innigste Beziehung hatte ich zu meinen Urgroßeltern. Meine Urgroßmutter war eine Bauerstochter aus Niederbayern, und mein Urgroßvater war der Leibkoch des Prinzregenten Luitpold. Sie hatten viele Kinder. Ich erinnere mich, daß sie bei der Erziehung intuitiv höchste Psychologie anwandten, die in ihrem tiefen, selbstverständlichen Glauben wurzelte. Sie sprachen mit mir wie mit einem Erwachsenen. Heute verstehe ich, warum sehr alte, geistig rege Menschen so gut mit Kleinkindern kommunizieren. Die Kinder lernen sprechen, gehen, sie machen kleine Schritte, die Alten verlernen das Gehen und machen auch vorsichtige, kleine Schritte. Auf diese Weise begegnen sie einander. Wie meine Urgroßeltern mit ihren Enkeln und Urenkeln umgegangen sind, das war für mich ein wunderbarer Einstieg in das Leben und in die Religiosität. Diese Religiosität hielt nämlich immer dem Alltagsleben stand.

Zwischen meinem sechsten und siebenten Lebensjahr rückte – auch durch den Religionsunterricht in der Schule – das Besondere des Katholizismus in den Vordergrund meines Glaubens. Es bedurfte intensiver Bemühung, um im Erwachsenenalter wieder zu meinem Kinderglauben, der so selbstverständlich wie die Luft zum Atmen war, zurückzufinden. Verloren habe ich meinen naiven Glauben durch die Institution Kirche. Es ist mir aber bewußt, daß ein Leben ohne Institutionen nicht möglich ist. Auch ein Schriftsteller will irgendwann an die Öffentlichkeit, er will gelesen werden, das geht nicht außerhalb der Strukturen. Aber schon Goethe sagte, jede große Idee sei gefährdet, sobald sie institutionalisiert wird. So ist es auch mit der Heiligen Schrift. Sie kam in die Hände von Menschen, ich sage bewußt nicht von Priestern. Denn dem Anspruch, den Menschen, die ihr Leben in den Dienst der Seelsorge stellen, an sich selbst stellen und der an sie täglich von außen gestellt wird, dem können sie nur in seltenen Glücksfällen gerecht werden. Es ist absolut unmenschlich und eine Hybris, von Priestern zu fordern, daß sie diesem Absolutheitsanspruch gerecht werden.

Für jemanden wie mich, der in Oberbayern geboren ist und ab dem fünften Lebensjahr ministrierte, der nicht nur in den Sonntagsgottesdienst ging, sondern auch unter der Woche – weil ich einfach nichts auslassen wollte –, für so jemanden war der Priesterberuf fast vorprogrammiert. Man hat von kirchlicher Seite schon auf mich gespitzt: Der wär' doch etwas für uns? Es war, obwohl ein schrecklicher Vergleich, wie mit dem Teufel, der nach Seelen Ausschau hält!

Ich war in den Pfarren von Seewalchen am Attersee und Ingolstadt, wo wir damals lebten, sicherlich der am theatralischsten inspirierte Ministrant, und das hat Eindruck gemacht. Allerdings war mir mein Kinderglaube bereits abhanden gekommen, denn es genügte mir damals nicht mehr das Alltägliche im Glauben, ich wollte das Wunder – nicht nur an das Wunder glauben, sondern es erleben. Ich wartete auf einen theatralischen Gottesbeweis. Ich kannte alle Heiligengeschichten, das waren meine schönsten Abenteuer. Meine Helden waren Hildegard von Bingen, Franz von Assisi, Teresa von Avila. Karl May fand ich dagegen banal. Auch die Landkirchen, wie die von Seewalchen, hatten damals eine besondere Aura. Man fühlte sich in ihnen aufgehoben in einer Gemütlichkeit, die gleichzeitig auch abstumpfte. Man war wie in Watte gepackt. Doch ich liebte es zu ministrieren, und die Priester schätzten mich. Im Dom in Ingolstadt drängte ich mich, bei der Roratemesse um sechs Uhr früh in der ersten Reihe mitzumachen. Ich war sehr, sehr eifrig, ich wollte nicht Weihrauch riechen, sondern der sein, der das Weihrauchfaß schwingt. Meine Eltern ließen mich gewähren. Ich glaube, sie hätten auch nichts dagegen gehabt, wenn ich mich dazu entschlossen hätte, Priester zu werden.

Ich suchte den Kontakt zu Priestern, zu Nonnen, ich sah in ihnen etwas Außergewöhnliches. Was mich genauso faszinierte, das war das Theatrum sacrum. Durch die lateinischen Gebetstexte kam ich zur Literatur. Wir hatten einen phantastischen Deutschprofessor, mit dem wir Schillers *Maria Stuart* lasen. In diesem Stück läßt Schiller den Mortimer Rom schildern, wie er die Peterskirche und den Papst erlebt. Plötzlich und schwellenlos befand ich mich durch die Konfrontation mit der hier beschriebenen Mystik der katholischen Kirche mitten in der großen Literatur. Das, was man bei den Klassikern hochgestimmtes Gefühl nennt, das konnte ich jetzt für mich in der Literatur entdecken. Ich las Thomas Mann, Hermann Hesse, Knut Hamsun, aber auch Goethe und Schiller. Mit einem Mal machte ich bei meinen Begegnungen mit Priestern eine ernüchternde Entdeckung: daß sie nämlich, wenn sie nicht aus der Bibel zitierten, von sich aus wenig zu sagen hatten. Trotzdem gehe ich noch heute in Kirchen. Wahrscheinlich deshalb, weil ich dort bei mir sein kann. Über meine Augen kommt etwas Gutes. In einer Kirche spüre ich eine positive Atmosphäre, die dadurch entsteht, daß Menschen sie hinbringen. Ich gehe hin, um an ihr teilzuhaben und um mein Quentchen dazu beizutragen. Meist gehe ich außerhalb der Gottesdienste in Kirchen.

Doch manchmal überkommt mich ein Kinder-Sonntagsgottesdienstgefühl, dann besuche ich auch die Messe. In Bad Ischl habe ich neulich einen herrlichen jungen Priester erlebt, der sich nicht hinter dem Amt versteckt hat. Bei jedem Beruf, der im Blickfeld der Öffentlichkeit steht, ist es so, daß man sich selbst auf Dauer nicht verstecken darf, letztlich muß man die Karten auf den Tisch legen. Wenn man das getan hat, darf man auch Schwächen zeigen, die ein Teil der Menschlichkeit sind. Leider ist dieser menschliche Zug innerhalb der Kirche und gerade bei den Amtsträgern, die öffentlich repräsentieren, sehr selten zu erleben. Ich weiß nicht, wie viele Bischöfe und Kardinäle in jeder Situation so herzeigbar sind wie Kardinal König.

Es ist seltsam, ein nicht großer Mensch wird in einer großen Position, in einem hohen Amt kleiner, lächerlich. Es stimmt nicht, daß das Amt den Menschen macht, das Amt ist ein Titel, wie der Rektor einer Universität, der Theaterdirektor, aus dem man etwas machen muß. Das ist bei den geistlichen Würdenträgern genauso. Irgendwann müßte doch der Augenblick kommen, wo so ein Amtsträger in den Spiegel schaut und sagt, ich genüge meinen eigenen Ansprüchen nicht. Es macht einen Unterschied, ob jemand als Bankangestellter seine Aufgaben nicht schafft oder als Seelsorger. Der Seelsorger muß mindestens immer eines bleiben: Diener. Große Vorbilder aus der Kirchengeschichte haben es ja geschafft, dieses Dienersein zu leben. Die vorgegebene Bescheidenheit mancher kirchlicher Amtsträger heute ist so fadenscheinig, daß man diese Süßlichkeit und Saccharinhaltigkeit, diesen unglaubwürdigen Kitsch gar nicht schildern kann.

Wenn ich meinen weiteren Lebensweg vom Ministranten zum Schauspieler verfolge, muß ich selbstkritisch sagen, daß ich aus Dankbarkeit gemacht bin. Mir fällt das Bitten unglaublich schwer. Aber dann habe ich festgestellt, daß ich immer, wenn ich etwas wollte – zum Beispiel eine Rolle am Theater –, auch wenn ich gerade ein sehr distanziertes Verhältnis zum Glauben hatte, auf einmal wieder Kerzen angezündet und um konkrete Dinge inbrünstig gebetet habe. Es war mir bewußt, daß das mehr Aberglaube als Glaube war, daß ich richtigerweise beim Danken hätte bleiben sollen. Solche kritischen Momente der Selbsterkenntnis mute ich auch kirchlichen Amtsträgern zu. Ich habe mir in dieser Phase meines Lebens den Gang in die Kirche nicht leicht gemacht, ich bin herumgeschlichen.

Mit Ende Zwanzig wurde mir bewußt, daß ich der von der Kirche ausgehenden Sinnlichkeit, die ihre Wurzeln in der Kunst hat, ausgeliefert war. Ich war das erste Mal in Assisi, in der Kirche, am Grab des heiligen Franz, und ich spürte eine große Sehnsucht nach dieser Sinnlichkeit. Die Kirche war jahrhundertelang Mäzen, aristokratische Kardinäle und Bischöfe haben die Künste gefördert.

Was mich an dieser katholischen Sinnlichkeit, die in den Kirchen zum Bild geworden ist, besonders anzog, war immer die Frau, die Mutter, die Madonna. Sie ist meine wichtigste Bezugsperson, aber nicht aus falscher Bescheidenheit. Ich versteige mich nicht, mit Gott auf du und du zu reden. Eine große Schauspielerkollegin hat mir etwas gesagt, was mir sehr geholfen hat. Sie meinte, das Wort Gottes – *ich bin* – das meint *dich*. Du bist der Sohn Gottes, eines seiner Kinder – und da ist mir so viel aufgegangen. Das relativiert meinen Ärger, meine Wut über die Ferne vieler kirchlicher Amtsträger von dem, wozu sie sich einst bekannt haben. Aber niemand kann mir die Gewißheit nehmen, daß ich ein Kind Gottes bin. Ich weiß, wäre es nicht so, wäre ich nicht da.

Anderen Menschen gegenüber bin ich realistisch. Wir fordern Außergewöhnliches, doch das ist selten, auch im Schauspielerberuf. Die Momente in der Kunst, wenn wir plötzlich alles verstehen, die sind ein Geschenk Gottes. Und so sind auch Priester, die ihrer Berufung vollkommen nachkommen, höchst selten. Die Institution Kirche hat ja nur noch in den Augen derer eine Überlebenschance, die das so sehen wie ich. Religion und Kirche sind nicht dasselbe. Man redet nicht über Religion, sondern über Kirche und kirchliche Personalpolitik, so, wie man über Steuerpolitik diskutiert. Debatten über Sport werden in der Regel viel leidenschaftlicher geführt als die über die Kirche. In Österreich hat die Zugehörigkeit zur Kirche Tradition über Generationen, man ist getauft, gefirmt, so wie sich die Zugehörigkeit zu einer politischen Partei oft innerhalb von Familien vererbt – und plötzlich kommt einer darauf, daß die Identität fehlt oder nie da war. Von einer Parteimitgliedschaft erwartet man sich materiell meßbaren Gewinn, von der Kirchenmitgliedschaft kann ich höchstens geistigen Gewinn lukrieren, und der kommt nicht von alleine, da muß ich auch selbst etwas dazu tun. Die Gefahr des Informationszeitalters besteht darin, daß die Menschen bestenfalls Denkanstöße erhalten, aber das selbständige, individuelle Denken geht darüber verloren. Die Attraktivität fremder Religionen erkläre ich mir daraus, daß die Menschen dorthin tendieren, weil sie zumeist nichts davon wissen. Einzelne Elemente aus dem Buddhismus erscheinen ihnen chic, die picken sie sich heraus, und dann deklarieren sie sich als Buddhisten. Ich sehe das als eine Art von Religionstourismus, genauso wie man wochenweise die Malediven konsumiert; ohne tiefer in die Kultur einzudringen, werden fremde Religionen verkostet.

Ich bin meinen Urgroßeltern dankbar dafür, daß sie die religiöse Basis für mein Leben gelegt haben. Die hält ein

Leben lang. Ich weiß nicht einmal, ob ich zur Kunst gekommen wäre ohne meine kindlichen Erfahrungen mit Glauben und Kirche. Ich wußte früh um Jubel und Schmerz. Das ist elementar für meinen Beruf, da ist man verloren, wenn man davon nichts weiß! Wirkliches Vertrauen in die menschliche Existenz beziehe ich nach wie vor aus dem Glauben. Auch in gesundheitlichen und beruflichen Belangen spüre ich ein Urvertrauen, das aus dem Glauben kommt: Es kann mir nichts passieren. Jemand, der mir erklärt, er vertraut, glaubt aber nicht, der kommt mir vor wie ein Schlafwandler. Ich würde ihn nicht antupfen, sonst stürzt er ab.

Wirklicher Glaube hat etwas mit Intimität zu tun. Anläßlich einer Gottesdienstübertragung aus dem Petersdom staunte ich neulich wieder über all die Pracht, das Brimborium. Mein erster Gedanke war, das spielt sich parallel zur unfaßbaren Armut so vieler Menschen ab. Aber gleichzeitig weiß ich ganz genau, gerade die Ärmsten sind davon begeistert. Ich habe es als unangenehm und deplaciert empfunden, die Großaufnahme der Gesichter dieser Kardinäle ... aber welches Gesicht hält das schon aus? Letztlich war die Übertragung fad. Kirche ist generell nicht medientauglich, Kirche braucht Intimität, und die ist nicht medienkompatibel. Es ist ähnlich wie beim Schauspieler; auch auf der Bühne entsteht Großes, Berührendes nur aus der Intimität und Einfachheit heraus. Die handelnden Figuren kann man synonym sehen, ein guter Regisseur ist der Beichtvater, ein guter Schauspieler ist der Priester, der verkündigt, der nicht nur Worte, sondern Gedanken hörbar macht. Die größte Gefahr im Theater und in der Kirche ist, die Wirkung bewußt zu suchen. Mit dieser Einstellung erreicht man nur Blendungen. Es gibt keine Tricks. Es gibt keine Hintertüre, um zum Glauben zu kommen. Es gibt nur die Einfachheit, den Kinderglauben, und der ist kein Trick. Es steht geschrieben, ihr müßt werden wie die Kinder. Ein feierlicher Gottesdienst kann wunderbar sein, aber ausschlaggebend ist das permanente Glauben. Das spielt sich, wie alles Wichtige, nur bei mir selbst ab. Heute weiß ich, daß es widersinnig ist, auf Wunder zu warten, denn wer die Augen offen hat, dem passieren sie ständig. Von Alfred Polgar gibt es diese wunderbare Geschichte von einem, der sagt: Wenn ich diesen Stein jetzt losließe, und er würde in die Höhe schweben, das wäre ein Wunder. Worauf ihm Polgar antwortet: Und wenn er zu Boden fällt, das ist kein Wunder?

Ich fürchte nur, daß diese Einsicht wenigen gegeben ist. Von selbst kommt sie nicht, man muß sie sich erarbeiten wie alles im Leben. Die gegenwärtige Situation der Kirche, ihr Stellenwert in unserer Gesellschaft, die sogenannte Kirchenkrise erfüllen mich weder mit Sorge noch mit Angst. Sie erklären mir aber vieles. Die Armseligkeit der Ansprüche und des Geschmacks führe ich direkt darauf zurück. Auch in der Kunst hat eine Verflachung Platz gegriffen, die man kaum beschreiben kann. Nach dem Wegfall aller Tabus ist der Umgang mit Freiheit sehr schwer. Es stellt sich nicht mehr die Frage, was darf ich? Ich darf alles. Aber das impliziert eine Verantwortung mir selbst und anderen gegenüber.

Woher sollen die Maßstäbe kommen? Was außer der Religion könnte denn die Menschen vor den vielen blödsinnigen Konsumwünschen bewahren? Ich weiß, daß der Glaube vieler Menschen eine sehr starke Kraft ist. Aber der Kirche als Institution gebe ich keine Chance, gar keine. Ich sehe keine Möglichkeit einer Kirchenerneuerung. Ich glaube jedoch an eine Erneuerung aus dem Glauben heraus, an die Hauskirche. Die offizielle Kirche wird nur mehr ein Ort für Feste und für diejenigen sein, die nicht mitdenken. Man muß sich auf das besinnen, was da ist, das Neue Testament. Das muß man lesen. Was mich ärgert, sind bestimmte kirchliche Amtsträger. Sie ärgern mich nicht für mich, sondern deshalb, weil sie der Sache so schaden. Natürlich haben sich Namen wie die von Bischof Krenn oder Kardinal Groër längst verselbständigt, es ist wie mit Claus Peymann, wenn ich über ihn rede, meine ich nicht mehr das Theater. Wenn jemand nicht wie ich organisch in den Glauben hineinwächst, sieht er zuerst nur diese Amtsträger, wie sie sind und sich benehmen, wie sie das Buch, den großen Text, verdrehen und polieren und mißbrauchen. Dabei rede ich von Menschen, die sich ernstlich mit Kirche auseinandersetzen und dann diese Amtsträger vor Augen geführt bekommen, ich rede nicht von denen, die sagen, Kirche ist eine Bagage. Seit Jahrzehnten haben wir von grauenhaften Packeleien und Geschäften gehört, in die der Vatikan und caritative Organisationen verwickelt sind. Diese Skandale machen mich weniger böse als hoffnungslos und traurig. Andererseits begreifen durch diese Mißstände hoffentlich einige, daß es an ihnen selbst liegt, daß es nicht zulässig ist, sich auf die oben zu verlassen. Wir dürfen ruhig sagen, die machen das schlecht. Ich muß es besser machen. Wenn sich in einem Staat alle schlecht verhalten, kommt es zum Chaos. So ist es auch in der Kirche, und es verhalten sich gottlob nicht alle schlecht. Ich vergleiche das mit einem großen Theatersaal. Ein einzelner kann dumm und daneben sein, er kann sich irren. Aber als Ganzes haben sie recht, weil der Geist recht hat. Daran glaube ich. Ich bin sicher, daß es eine absolute Wahrheit gibt. Am Weg dorthin gibt es viele Wahrheiten, denen muß ich Respekt zollen und mit Toleranz begegnen, das ist oberstes Gebot.

So eine Missionierung, wie ich sie durch meine Urgroßeltern erfahren habe, ist das Wunderbarste. Je mehr ich bei mir bin, desto näher bin ich an der absoluten Wahrheit.

Ich weiß, ich bin ein Kind Gottes. Dieses Bewußtsein gibt mir gleichzeitig Sicherheit und Verantwortung. Auch das Kind Gottes macht Fehler, es geht nicht mit einem Heiligenschein durch die Welt, es ist zornig, wütend, verletzend, es lebt und sündigt. Natürlich gibt es die Sünde, jeder Mensch weiß doch, wann er sündigt. Der Rahmen sind die Zehn Gebote. Man muß sie erst einmal kennen; sie dann einzuhalten, ist eine Lebensaufgabe. Die Beichte benötige ich persönlich nicht. Ich kann mich gut selbst erforschen, das bedingt mein Beruf, ich muß immer auf Erforschung aus sein. Die Beichte hat ihre Daseinsberechtigung für Menschen, die jemanden brauchen, der ihnen zuhört. Als Kind habe ich oft dreimal an einem Tag gebeichtet, das war für mich ein so wunderbares Theater. Ich kann mich an keinen Fall erinnern, wo der Beichtvater nicht mitgemacht hätte. Ich ging immer zu verschiedenen Beichtvätern. Auf die Frage, wann hast du das letzte Mal gebeichtet, antwortete ich immer wahrheitsgemäß, und niemand hat schlecht reagiert, sie nahmen's mit Humor. Das war meine diesbezügliche Spielzeit.

MICHAEL REINGRUBER

Alle Sünden wurzeln im Egoismus

Meine Mutter stammte aus einem großdeutschen Wissenschaftlerhaus, in dem man der Religion ablehnend gegenüberstand. Im deutschen Volksgesangsverein lernte sie meinen Vater, einen Wiener Dachdeckersohn, kennen. Der hat zu ihr gesagt: Wenn wir miteinander gehen, dann kommst du mit mir sonntags in die Kirche. Bei meinem Vater zu Hause gab's sieben Kinder, es wurde dort eine selbstverständliche Religionsausübung gelebt. 1922 haben meine Eltern geheiratet, 1926 wurde ich geboren. Meine Mutter wurde damals mit Religiosität konfrontiert, die Klosterneuburger Liturgiebewegung unter dem Augustiner-Chorherrn Pius Parsch Ende der zwanziger Jahre und das Besuchen einer Betschule haben ihren Glauben auch meditativ verinnerlicht. Mit dreizehn bin ich in Pötzleinsdorf Ministrant geworden, aber nicht auf Drängen der Eltern. Auch in der Jungschar war ich aktiv.

Als der Krieg kam, hieß das für mich zuerst Luftwaffenhelfer, später Reichsarbeitsdienst in Polen, dann Soldat der deutschen Wehrmacht in Jugoslawien. Diese Zeit hat meine innere Religiosität gefestigt. Ein Erlebnis, das mir heute noch den kalten Schweiß den Rücken hinunterjagt: Ich hatte mich beim Hauptmann zum Gottesdienst abgemeldet, in einem dieser kleinen jugoslawischen Dörfer, unter lauter Heimattreuen und Partisanen. Wir durften nur mit Gewehr weggehen, aber zur Kommunion konnte ich es doch nicht mitnehmen, also hab' ich es in der Kirche hinten in eine Ecke gelegt, um es nach der Kommunion wieder zu holen... das hätte leicht Kriegsgericht bedeuten können. Solche Episoden sind mir als Beispiele meiner religiösen Naivität in Erinnerung geblieben. Ich dachte, wir sind alle Christen. Ich hatte schon damals einen Optimismus, der religiös getragen war.

Meine Schulkarriere endete mit einer Kriegsmatura. Ich war vor dem Krieg einige Jahre im Konvikt der Wiener Sängerknaben, aber meine schulischen Erfolge waren wegen der Unregelmäßigkeit des Unterrichts, der immer durch Tourneen unterbrochen wurde, sehr schlecht. Ich hatte viele Nicht Genügend, so daß ich die Sängerknaben verließ und in die Realschule wechselte. Irgendwie schien es mir dann selbstverständlich, ein technisches Studium zu beginnen. Ich inskribierte Maschinenbau an der Technischen Hochschule Wien. Die Konstruktionen und die Darstellende Geometrie haben mir Spaß gemacht. Ich sah mich schon als Ingenieur irgendwo in der Industrie. Parallel zum Studium habe ich, wieder auf Basis meiner selbstverständlichen Religiosität, beim Aufbau der Katholischen Jugend 1945/46 mitgearbeitet, als mir dort eine Broschüre über Berufswahl in die Hände fiel. Ein Evangeliensatz hat sich mir tief eingeprägt: »Die Ernte ist groß, Arbeiter sind zuwenig.«

Schon vorher hatte ich bei Exerzitien gelernt, daß man sich für wichtige Entscheidungen Listen mit einer Gegenüberstellung von plus und minus schreiben soll. Das habe ich einen Monat lang getan, und dann stand für mich fest, daß ich als Seelsorger mehr vonnöten war als als Maschinenbauer. Ich ging also zum Priesterseminar, um mich vorzustellen. Meine Eltern wußten nichts davon. Sie haben Matura? Latein? Ich bejahte. Griechisch? Haben Sie nicht? Da müssen Sie das Graecum im ersten Jahr nachmachen, sagte man mir. Wenn ich das vorher gewußt hätte, das wäre ein großes Minus gewesen, und ich wäre nicht ins

Priesterseminar gegangen. So habe ich das angefangene Technikstudium an den Nagel gehängt und mit Feuereifer Theologie studiert, immer das Ziel vor Augen, Seelsorger in einer kleinen Dorfgemeinde zu werden. Mit dieser Perspektive habe ich auch während des Studiums alles Wissenschaftliche samt Doktoratswürde abgelehnt.

Wir waren fünfundzwanzig Absolventen im Jahrgang, als ich 1951 zum Priester geweiht wurde. Erstmalig hat man die Neuen damals nicht auf Landgemeinden rund um Wien verteilt, sondern wir blieben alle in Wien als Stadtseelsorger. Meine erste Stelle war in Wien-Liesing in einer zerbombten Kirche, das hieß, Neuaufbau der Kirche und der Gemeinde. Da war noch eine starke sozialistische Bewegung spürbar, die sich in einer antikirchlichen Einstellung bemerkbar machte. Beispielsweise standen viele Eltern der Erstkommunion ihrer Kinder ablehnend gegenüber. Später, in den fünfziger Jahren, kam ich dann in die Schubertkirche in Lichtental. Hier erlebte ich das Gegenteil von Liesing, wir hatten großen Zustrom zur Jugendarbeit, viele Ministranten. Obwohl meine pädagogische Grundausbildung an der Uni sehr schwach war, mußte ich jetzt als Kaplan in den Schuldienst. Zum Glück hatte ich privat schon immer alles Katechetische für mich gesammelt, das konnte ich jetzt gut brauchen. In dieser großen Kirche hatten wir viele Veranstaltungen. Aber bei mir wurden alle diese Ereignisse wie Ausflüge, Bälle und Pfarrfeste immer ein finanzielles Defizit. Ich bin ein zu großer Optimist und kein Kaufmann. Deshalb wurde ich dort auch nicht Pfarrer; ich wäre überfordert gewesen mit der finanziellen Organisation, das ist nicht mein Metier.

Persönliche Kontakte, das ist das, was ich will und kann, daher blieb ich im Schuldienst, bis zum Fachinspektor hab ich's gebracht. Lange war ich im zwanzigsten Wiener Gemeindebezirk Seelsorger, nach der Sechs-

Uhr-Messe in der Früh habe ich jahrelang die Beichte abgenommen. Damals, in den sechziger Jahren, sind die Leute hauptsächlich aus dem Weinviertel nach Wien zum Beichten gekommen, in ihrer eigenen Gemeinde wollten sie das nicht machen.

In Schönbrunn in der Schloßkapelle habe ich aushilfsweise begonnen, man hat mich hier auch genommen, weil ich ein bißchen was von Kunst verstehe und mich für Musik immer interessiert habe. Aber das Finanzielle, das etwa mit der Organisation der Kirchenmusik in der Schloßkapelle anfiel, war unter meiner Leitung wieder ein Desaster. Dafür gibt es jetzt hier einen Verein, der das Kaufmännische regelt. Eine Stärke von mir war immer mein Einsatz, von früh bis abends tätig zu sein, das war selbstverständlich. Es ist schön, gebraucht zu werden. Gott sei Dank habe ich eine innere Gläubigkeit gegenüber dem Gottesbegriff und gegenüber der Bibel. Wie ein Ingenieur nicht jedesmal prüft, ob ein Motor sechstausend Touren dreht, wenn das draufsteht, so weiß ich: Das ist von Jesus, daran muß ich mich halten. Ich pflege hundertmal am Tag das persönliche Gebet: Jesus. »Lieber Gott« kommt mir ein wenig kindlich vor, die Anrufung »Mein Herr und Gott« ist majestätisch, wegschiebend. Der Jesusbegriff ist mir vertraut. Für mich zählt weniger das Bittende, mehr das Brüderliche. Im Rahmen eines Gespräches bete ich: »Jesus, jetzt mußt du was machen! Wozu bist du denn da?« So, auf diese Art, auch durchaus auf der Ebene »Hallo, wir teilen, aber du bist der Mächtige!« Wenn ich in der Früh in die leere Kirche komme, will ich sofort das Salve Regina singen, und wenn ich die Kniebeuge vor dem Altar mache, bete ich »Jesus, ich komme zu dir«. Ich bringe meine persönliche Einsatzbereitschaft, Sakramentsfrömmigkeit dar.

Diesen Jesus-Gedanken will ich auch an hoffnungslos

Kranke weitergeben, an oft verzweifelte, pessimistische alte Leute. Ich sage diesen Menschen, es ist besser, nicht zu beten »Bitte, Jesus, mache, daß ich wieder gesund werde«, sondern nur: »Jesus, bitte« – nicht: was. Das weiß er selbst besser. Meine Bereitschaft muß sein: Ich nehme, was du gibst.

Seit meiner Pensionierung absolviere ich in verschiedenen Spitälern Krankenbesuche. Die Gläubigkeit ist das einzige, womit ich diesen Menschen helfen kann, wo oft nichts mehr ist als Hoffnungslosigkeit. Diese innere Verbindung zu Gott ist so wichtig. Das ist's auch, was den jungen Menschen heute fehlt. Seit ich Seelsorge betreibe, sind das jetzt schon zwei Generationen, die sich immer weiter vom Glauben entfernen. Es kann aber nur dann Interesse und Liebe zu einer Sache wachsen, wenn man sich mit ihr beschäftigt. So wie die Liebe zur Musik nur bei demjenigen wachsen kann, der Musik hört und von Musik umgeben ist – die bloße Berieselung aus dem Walkman ist zuwenig –, so braucht auch die Religion Berührungspunkte. Nach dem Krieg gab es kein Fernsehen, keine Disco. Die Ablenkungen, denen Kinder und Jugendliche heute ausgesetzt sind, nehmen ihnen Konzentration und Kapazität, und es bleibt kaum Raum für die Beschäftigung mit Religion. Solange Freizeitaktivitäten wie Tischtennis und so weiter im Rahmen der katholischen Jugendarbeit in der Pfarre stattfanden, war wenigstens eine Verbindung zur Kirche gegeben. Durch die Wohlstandsgesellschaft sind die Hobbys kostspieliger geworden, viele reiten oder spielen Golf, das findet außerhalb der Pfarre statt. Wer wenig Kontakt zur Kirche hat, sich wenig mit religiösen Fragen beschäftigt, dessen innere Distanz zu Gott und zur Religion wird größer. Daß der einzige Konnex von Jugendlichen heute oft aus Kritik besteht, hat auch damit zu tun, daß es in der Erziehung nicht mehr heißt: Mach das! Sondern: Du bist eine Persönlichkeit. Willst du das machen? Ich motiviere dich, glaubst du nicht, daß das schön ist? Streichel, streichel ...

Die Erziehungsmethoden sind ganz andere geworden. Zu meiner Zeit hieß es: Komm, mach und tu! Das hat mir nicht geschadet. Ich glaube, daß Lenkung und Leitung in der Erziehung gut sind. Natürlich ist auch heute noch ein Teil der Jugendlichen ansprechbar, das sind diejenigen, die sich zum Beispiel gegen Trends in der Schule wie geschorene gelbe Haare, Ohrringerl et cetera durchsetzen. Aber diese Generation wächst ganz anders auf. Wir waren gewohnt, am Sonntag in der Kirche »Hier liegt vor deiner Majestät« zu singen – das hat uns geprägt. Da komme ich zu einer meiner festen Überzeugungen: Religion ist ein Teil der Psychologie. Es geht um die immerwährende Wirkung von täglichem Gebet, sonntäglichem Gottesdienst. Das ist wie mit der kommerziellen Werbung im Fernsehen. Dort werden Zehntelsekundenspots placiert, die sich im Unterbewußtsein festsetzen. Früher hat man in der Religion mit strengen Höllensanktionen gedroht, das ist psychologisch nicht richtig. Angst ist keine gute Motivation. Die Triebfedern sollen Freiheit und Liebe sein. Verliebte lernen schneller als Bedrohte. Aber wenn gar keine Zeit für Gott mehr bleibt, entsteht ein Vakuum. Sekten versuchen, dieses Vakuum zu nützen. Mancher flieht in die Welt der Droge oder der Kommune. Einer meiner Neffen war in der Kommune von Otto Muehl. Hier in Hietzing, in Schönbrunn (großbürgerliche Gegend Wiens, Anm.), lebt man vielleicht in einer heilen Scheinwelt, in anderen Bezirken sieht es anders aus. Aber überall sind Jugendliche den Einflüssen der Massenmedien und der Werbung ausgesetzt.

Wie kann man gegensteuern? Ich weiß eigentlich keine Antwort. Man wird in Einzelgesprächen auf die Jugendlichen zugehen müssen, eine innere Bereitschaft zum Gespräch ist ja in den meisten Fällen vorhanden. Aber von alleine geht nichts mehr. Die Zeit der automatischen Auseinandersetzung mit der Sache Gottes ist vorbei, ich weiß nicht, ob sie noch kommen wird. Auch wenn es kirchliche Internetpages gibt, ist die Wahrscheinlichkeit, daß sie jemand unter den Hunderttausenden findet, sehr gering. Ich selbst lehne die modernen Kommunikationsmedien nicht ab, ich glaube nur, daß ich zu alt, vielleicht zu vergeßlich bin, das zu erlernen. Ich überlasse es gerne den Jüngeren, diese Herausforderungen anzunehmen. Dazu gehört für mich auch die Zeitschrift *Dialog*, die gut ankommt und einen kleinen Teil religiöser Inhalte so vermittelt, daß Außenstehende das annehmen. Die Zeitschrift richtet sich an die Fünfundzwanzig- bis Fünfundvierzigjährigen.

Die Jungen? Ich hatte, als ich noch im Schuldienst war, eine einzige Abmeldung vom Religionsunterricht, aber das lag an den Eltern. Ab vierzehn, wenn die Jugendlichen sich selbst abmelden konnten, haben sie das manchmal aus Freizeitgründen getan. Das hängt stark mit der Persönlichkeit des Religionslehrers zusammen, ob er Themen behandelt, die interessieren. Ich hab's immer mit Aufmunterung und positiver Einstellung versucht. Natürlich gab es auch Widerstände, aber im großen und ganzen habe ich in der Schule noch die heile Welt angetroffen. In den letzten zwanzig Jahren ist eine ganz andere Zeit angebrochen, man wird sich auf eine andere Art von Seelsorge einstellen müssen.

So glaube ich, daß die Forderungen der Plattform »Wir sind Kirche« nach dem Laienpriestertum irgendwann spruchreif werden müssen, es geht gar nicht anders. Persönliche Gläubigkeit, Sakramentfähigkeit, Verantwortung kann jeder übernehmen. Es ist ein Phänomen einer Egoismus- und Wohlstandszeit, daß alle Vereine darunter leiden, daß ihre Mitglieder keine Verantwortung übernehmen wollen. Das ist im Turn- und im Alpenverein dasselbe, und da drängen dann oft Möchtegern-Leute in solche Positionen. Diese Gefahr besteht auch im Seelsorgebereich, daß Menschen sich um solche Stellen reißen, nur um sich selbst zu profilieren.

In den Entwicklungsländern hingegen ist das Christentum immer noch etwas Wachsendes. Die Anforderungen an die Seelsorge in der Alten Welt sind psychologischer Natur, hier sind wir mit zivilisations- und konsumfrustrierten Menschen konfrontiert. Natürlich ist äußerliches und finanzielles Wohlergehen eine Grundlage, aber eine nur darum bemühte Gemeinschaft, die den Egoismus des einzelnen fördert, wird scheitern. Deshalb gehen so viele Gemeinschaften wieder auseinander oder bleiben nur oberflächlich. Ich halte das auch für ein religiöses Problem, eines, das in den Städten ausgeprägter ist. Es hat immer, auch in bäuerlicher Umgebung, Sorge, Schwierigkeiten, Not, Ärger gegeben. Aber die Bauern, wie ich sie bei meinen Urlaubsvertretungen im Sommer im katholisch gläubigen Mühlviertel kennengelernt habe, sind innerlich ausgeglichener und zufriedener als die haltlosen Stadtmenschen. Die Orientierungslosigkeit des modernen Menschen ist ein zutiefst religiöses Problem.

Kunst hat in meinen Augen den Stellenwert von Erhebung, Entspannung. Von der darstellenden Kunst bis zur Musik ist das Schöpferische ein Bedürfnis der Menschen. Ich stehe der modernen Kunst aufgeschlossen gegenüber. Kunsterlebnisse als Gotteserfahrung? Ich glaube, da ist weniger der liebe Gott der Künstler, sondern er gibt dem Menschen die Fähigkeit dazu. Es geht um das Reflektierende, um das seelische Erleben. Plötzlich wird für den einzelnen fühlbar: Ich bin mit eingebunden. Mir ist es kürzlich in den neu renovierten Wiener Redoutensälen so ergangen, als ich die Gemälde des Malers Josef Mikl sah. Ich war fasziniert, das ist wie ein tiefes seelisches Atmen. So gesehen ist Kunst ein Teil des Religiösen. Deshalb haben auch alle Religionen Kunst in besonderer Weise miteingesogen, sei es Architektur, Malerei oder Musik. Das sehen wir auch an den sogenannten Naturreligionen, im Tanz der Eingeborenen etwa. Wo Gemeinschaft und Gottesbindung sind, da ist auch das Religiöse.

In der Evolutionsgeschichte des Menschen ist der springende Punkt die Beseelung des Menschen. Sobald sich der Mensch bewußt wird, daß er lebt, und zwar nicht aus sich selbst heraus, stellt er sich die Frage: Woher komme ich? Sobald er das göttliche Prinzip erkennt, ist er ein Mensch mit Seele. Natürlich dürfen wir die Schöpfungsgeschichte mit den sieben Tagen, an denen Gott die Welt erschaffen hat, nicht wortwörtlich nehmen. Aber das Faszinierende ist, daß in diesem Schöpfungsbericht die Reihenfolge der Evolutionsgeschichte penibel berücksichtigt wird. Vielleicht kam das für die Menschen damals aus einer Naturinspiration. Daß man damals schon diese Evolutionslinie von Licht, Feuer, Wasser, Stein, Pflanze und Tier gezeichnet hat, ist mir Beweis der Offenbarung. Denn Offenbarung heißt, daß der Gedanke in den Menschen hineingelegt worden ist. Millionen Menschen suchen Lebenserfüllung und Lebensfreude. Nietzsche hat gesagt, die Christen müßten erlöster aussehen. Im Gottesdienst und im Sakrament sollen wir zu dieser erlösenden Freude gelangen, indem wir zu Jesus sagen: Danke, alles Gute, ich will mich bemühen.

Von meinem theologischen Hintergrund sehe ich es so, daß alle Sünden im Egoismus wurzeln. Egoismus ist die Ursünde. Alles andere, was in den Geboten untersagt ist, die Eltern nicht zu ehren, die Nächstenliebe zu vergessen, Ichsucht in Diebstahl, Geschlechtskraft und Lüge – das sind alles Ausprägungen des reinen Egoismus. Ich will mein Ich auf Kosten anderer leichter, schöner, freudvoller gestalten. Auch die Nichtanerkennung der Schöpfung und des Schöpfergottes ist Egoismus, denn dann kommt es so weit, daß man denkt: Ich will mein eigener Gott sein, ich mache mir die Gesetze, die mir gefallen, selbst. Darin liegen Schuld und Sünde. Es detailliert aufzugliedern hat den Sinn, Hinweise zum Nachdenken zu geben, aber eigentlich muß jeder selbst schauen, wo ihm sittliche Normen und Grenzen gesetzt sind. Lebenserhaltung ist etwas ganz Natürliches, trotzdem ist Altruismus menschlicher, weitblickender und wichtiger als Egoismus. Wenn ich Gott nicht anerkenne, gibt es nicht Gott und mich, sondern nur noch mich.

Die Schöpfung ist ein Gemeinschaftswerk, in dem alles aufeinander abgestimmt ist, sie beruht auf einer Gemeinschaftsverpflichtung. Auch in der Evolution, in der Natur ist eines vom anderen abhängig. Alle suchen, denken nach, wollen Freude haben, aber die Freude geht im nackten Egoismus verloren. Auch die Stille ist ein Faktor der Freude, zum Zu-sich-Finden. Der Trend zur Meditation, zum Nur-den-Herzschlag-Hören, der kommt wieder. Wir brauchen Augenblicke der einfachen Ruhe, ohne Hast, irgend etwas erreichen zu wollen. Menschsein, Leben, das ist auch das, was ich in der Sonntagsmesse zu vermitteln versuche. Deshalb bin ich auch dagegen, daß man den Sonntag als arbeitsfreien Tag nur um des ökonomischen Verdienstes wegen streicht. Die Familien müssen miteinander sein, in Ruhe ... Eine Mutter mit dem eigenen Kleinkind kann das noch, da ist die Natur noch sehr stark. Die haben noch Zeit füreinander. Wenn ich eine Mutter mit ihrem Kind am Arm beobachte – da spürt man Erfüllung und Freude.

PHILIPP HARNONCOURT

Wenn man die Wahrheit zum Prügel macht

Bei uns zu Hause war Kirche nicht etwas vom Leben Isoliertes, für den Sonntag und die Feiertage, sondern die Kirche hat den Alltag begleitet. Es gab keinen Tag ohne gemeinsames Abendgebet, keinen Advent ohne gemeinsames Singen, keinen Sonntag ohne mitgefeierte Messe. Wir sind sieben Geschwister, meine Mutter und zwei Schwestern haben im Grazer Domchor gesungen, wir Brüder haben, wenn eine musikalische Messe war, entweder im Orchester gespielt oder ministriert. Mit meinem Bruder Nikolaus, der nur vierzehn Monate älter ist als ich, bin ich fast wie ein Zwilling aufgewachsen. Er hat sich genauso mit der Frage der Berufung zum Priester beschäftigt, wie ich überlegt habe, Berufsmusiker zu werden. Wir haben aber wenig darüber geredet, weil wir bis heute überhaupt wenig miteinander sprechen, wir verstehen uns fast instinktiv. Wenn wir einander im Fernsehen oder Radio reden hören, sind wir erstaunt, daß das Gesagte oft zwischen uns austauschbar wäre. Die Präsenz der Religion in unseren Kindertagen haben wir keinesfalls als etwas Oktroyiertes empfunden, sondern es hat Farbe in den Alltag gebracht. Ich muß aber zugeben, ich kann mich an keine einzige Predigt erinnern, nur daß Predigten immer lang und langweilig waren.

Priester haben wir damals als merkwürdige Geschöpfe aus einer anderen Welt bestaunt. Da ich in der Nazizeit aufgewachsen bin, hatten wir keinen Religionsunterricht. Wir haben aber mit den Eltern intensiv über Fragen des

Glaubens diskutiert. Als ich fünf oder sechs Jahre alt war, sprachen wir zu Hause über die Erbsünde, ob das gerecht oder ungerecht sei. Als Ministrant hat mich interessiert, ein bißchen hinter die Kulissen zu schauen. Beeindruckt haben mich nur ganz wenige Priester, die meisten haben die lateinische Messe sehr rasch heruntergelesen und von uns Ministranten erwartet, daß wir unsere Ministrantengebete so schnell wie möglich herunterschnattern.

In den beiden letzten Kriegsjahren habe ich am Grundlsee den alten Professor Johannes Ude* kennengelernt, der Pazifist und Vegetarier war. Bei ihm habe ich zum ersten Mal wahrgenommen, daß ein Priester Latein so gut beherrscht, daß er in dieser fremden Sprache wirklich redet. Auf einmal habe ich mich geschämt, Ministrantengebete nur herunterzurasseln. Ich habe verstanden, auch in der fremden Sprache geht es um ein Gebet und damit um das Eintreten in das Gegenüber Gottes. Das ist etwas in die Knie Zwingendes, Gott in sein verhülltes Angesicht schauen zu dürfen. Diese Begegnungen mit Professor Ude haben mich, als ich dreizehn war, zum Nachdenken darüber gebracht, ob es für mich nicht richtig wäre, Priester zu werden. Ich habe mit niemandem darüber gesprochen; und mit vierzehn, fünfzehn waren diese Gedanken auch wieder verschwunden. Ich wollte entweder Landwirtschaft studieren, da mich die Arbeit mit lebendigen Gewächsen immer sehr interessiert hat, oder Sprachen, um die Diplomatenakademie zu machen. Internationalität, Völker, Kulturen, das hat mich fasziniert.

Mit siebzehn fiel mir ein Buch, *Begegnung mit Christus*, des kürzlich verstorbenen, zuletzt als pensionierter Stadtpfarrer von Hetzendorf in Wien lebenden Joseph

*DDDDr. Johannes Ude (geboren 1874 in St. Kanzian, Kärnten, gestorben 1965 in Grundlsee)

Ernst Mayer* in die Hände. Bei ihm nahm ich zum ersten Mal einen unendlichen Respekt vor der Heiligen Schrift wahr; wenn er das Evangelium gelesen hat, spürte man an seiner Haltung und seiner Stimme, daß er bis in die Seele hinein zitterte, das Wort Gottes in den Mund nehmen und verkündigen zu dürfen. Ich absolvierte bei ihm in Admont einige Singwochen und merkte, daß von diesem Priester eine ganz starke, biblisch geprägte geistliche Ausstrahlung ausging und daß er kein distanzierter heiliger Kauz war wie manche andere Priester. Ich erinnere mich genau, es war im März oder April 1948, als ich besagtes Buch in wenigen Tagen ausgelesen habe. Am Tag darauf wußte ich, es ist meine Aufgabe, Priester zu werden. Ich bin meinem Vater übrigens dankbar dafür, daß er, als mein Entschluß feststand, meinte: Wenn du überzeugt bist, daß das der dir bestimmte Weg ist, geh ihn. Aber wenn du draufkommst, daß es nicht der richtige Weg ist, kehr um und glaub nicht, daß du unseretwegen bei einer Entscheidung bleiben mußt, die vielleicht falsch ist.

Aber meine Überzeugung wuchs, daß das der mir bestimmte Weg sei.

Im selben Frühjahr (1948) hatte ich ein Erlebnis: Nach einem langen, grauslich kalten Winter war endlich einmal wieder ein sonniger Tag. Mit Schulkollegen wollte ich eine Frühlingswanderung unternehmen. In einer überfüllten Grazer Straßenbahn fuhren wir bis zur Endstation. Mir fiel etwas auf, was ich viel später in kommunistischen Ländern immer wieder wahrnahm: daß Menschen verdrossen aneinander vorbeischauen, daß sie nicht miteinander reden und den Eindruck erwecken, zutiefst unglücklich zu sein. Ich war so erfüllt von Freude und Frühling, daß ich dachte: Warum haben diese armen Leute keine Ahnung,

*Prälat Joseph Ernst Mayer (geboren 1904, gestorben 1998)

was Leben, was Leben und Freude aus der Mitte des Glaubens bedeuten?

Priester werden hieß für mich nicht Priester werden für mich selbst, weil ich etwas anderes sein will als die anderen, sondern den Menschen ein im Glauben gründendes Leben zu vermitteln. Es ging mir darum, durch Wort, Leben, Gespräch das weiterzugeben, was für mich Ursache der Freude und des Sinns des Lebens ist. Viel später bin ich draufgekommen, daß das ja auch im Leben Jesu vorrangig war. Jesus sagt: Mich erbarmt des Volkes, sie sind wie eine Herde, die keinen Hirten hat. Er spricht von der unendlichen Ernte – und es ist niemand da, der die Ernte einbringt.

Wenn heute um das Priesteramt gestritten wird, geht es fast immer um die persönliche Würde und um die sakramentale Besonderheit. Es wird alles mögliche debattiert, um das Selbstverständnis des Priesters zu korrigieren. Das geht am Wichtigsten vorbei. Man wird nicht Priester, um etwas Besonderes zu sein, sondern weil die Heilssendung Christi Menschen braucht, die für andere da sind. Das können natürlich auch Laien sein. Aber Priester müssen in einer besonderen Weise Leben und Werk Christi aufrecht erhalten. Priestersein ist ein Menschwerdungsereignis, eine Fortsetzung von Inkarnation. Diese Überzeugung ist in mir seit meinem siebzehnten Lebensjahr lebendig geblieben. Die kritische Frage, die ich mir selbst stelle, ist nicht die, ob es mir gelungen ist, ein ideales Priesterleben vorzuführen, sondern die, ob ich es geschafft habe, überzeugend und authentisch zu einem Leben aus dem Glauben heraus einzuladen.

Man meint oft, Priester und Ordensleute müßten die besseren, stärkeren Gläubigen sein. Meine Erfahrung bestätigt das nicht. Für Priester und Ordensleute kommt bezüglich des Glaubens immer etwas quasi Professionelles dazu, eine beispielsweise auch durch die Tagesordnung vorgeschriebene Spiritualität. Manchmal ist das eine pharisäische Spiritualität, die glaubt, Gott näher zu stehen, über seine Gnade und Herrlichkeit besser Bescheid zu wissen. Daraus resultiert der Glaube, andere besser führen zu können. Ich muß ehrlich sagen, ich habe in meinen Landpfarren unter einfachen Laien – besonders unter Frauen, unter Bäuerinnen – Menschen gefunden, die so sehr aus der Tiefe des Glaubens gelebt haben, wie ich es bei Priestern kaum gefunden habe. Priester, denen eine Heilssorge anvertraut ist, müssen offene Menschen sein und Zeugnisse von anderen annehmen.

Für Theologen ist der Glaube oft viel zu kompliziert, und weil er so kompliziert ist, decken Nebensächlichkeiten die Mitte zu. Ich habe Phasen erlebt, in denen es meinen persönlichen Glauben ordentlich durcheinandergebeutelt hat, und da waren mir Begegnungen mit ganz einfachen, tiefgläubigen Menschen hilfreich. Bäuerinnen sind über das Jahr hin intensiv mit der Natur verbunden, sie leben in einer großen Unmittelbarkeit zum Geheimnis der Schöpfung, zum Geheimnis Gottes. Sie wissen, daß sie alles ihm verdanken, daß sie am Schöpfungswerk sowohl am Land als auch in der Familie mitwirken dürfen, daß sie sich über nichts aufregen müssen, weil ihr Leben in der Hand Gottes geborgen ist. Solche Menschen können auch schwerste Schicksalsschläge mit Geduld und Gelassenheit ertragen. Feministinnen, die das hören, würden jetzt sofort protestieren und sagen, Glauben heißt nicht, alles über sich ergehen zu lassen, sondern auch gestaltend einzugreifen. Die angesprochenen Bäuerinnen wußten durchaus genau, wo sie gestaltend einzugreifen und Entscheidungen zu treffen hatten.

Das Gespräch über die Zulassung von Frauen zum Diakon- oder Priesteramt kann meiner Meinung nach keinesfalls disziplinär unterbunden werden. Auch eine römische Kongregation oder der Papst sollen nicht sagen, weil es eine Glaubensfrage ist, hat darüber nicht gesprochen zu werden. Die Berufung auf die Tradition der Kirche kann nur richtig sein, wenn man weiß, was Tradition bedeutet. Tradition wird sehr oft nur deshalb ins Treffen geführt, um sklerotische Verhältnisse zu rechtfertigen. Die einzig wirklich verbindliche Tradition für die Kirche ist es, immer offen zu sein für den Geist Gottes. Er leitet die Kirche. Seit Pfingsten ist die Kirche nach außen wirkendes Organ für den Geist Gottes. Wohin der Geist Gottes die Kirche führt, können wir dem Geist Gottes nicht vorschreiben. Es war sensationell, wie sich die ersten Christen dazu entschieden haben, Heiden zu taufen. Petrus hat damals gesagt: Wenn auch Heiden wie wir den Geist Gottes empfangen, dann müssen wir sie taufen. Dementsprechend ist heute die einzige Frage: Beruft der Geist Gottes auch Frauen in den diakonalen und in den priesterlichen Dienst? Das ist zu prüfen. Wenn der Geist Gottes sie tatsächlich beruft, hat sie die Kirche zu weihen. Die Argumente der Befürworter und Gegner haben mit dem Geist Gottes nichts zu tun.

Die einen berufen sich auf Menschenrechte und sind damit deshalb auf dem Holzweg, weil überhaupt niemand ein Recht hat auf den Priesterberuf, weder der Mann noch die Frau. Jede große Gemeinschaft mit jahrhundertealter Organisationsstruktur hat die Neigung, zu verkalken. Diese Unbeweglichkeit hat manchmal auch ihr Gutes, wenn man daran denkt, wie die katholische Kirche die Zeit der Aufklärung überstanden hat und wie in manchen Reformationskirchen die Aufklärung zu Auflösungserscheinungen geführt hat, so daß nur ein sehr individueller Pietismus übriggeblieben ist.

Das zeigt, daß gerade in Krisensituationen das ausschließliche Hören auf den Zeitgeist in die Irre führen kann. Aber die Angst vor dem Zeitgeist hebt nicht die Pflicht auf, die Stimme des Heiligen Geistes zu suchen, zu erkennen und ihr zu folgen. Man kann nicht sagen, in der Tradition der Kirche hat es die Priesterweihe der Frau nie gegeben, denn zur Tradition der Kirche gehören auch die Traditionen in den Reformationskirchen, in manchen von ihnen gibt es das Frauenpriestertum seit fast fünfzig Jahren. Gerade Kirchen, die von Frauen geleitet werden, leben, wirken und stiften im Geist Gottes das Heil. Es gibt auch Teile der katholischen Kirche, die die Priesterweihe für Verheiratete kennen, das sind die katholischen Ostkirchen, deren verheiratete Priester keineswegs schlechter sind oder weniger fromm als unverheiratete. Ob die lateinische Kirche es länger verantworten kann, Berufungen zurückzuweisen, weil Menschen nicht bereit sind, sich zur Ehelosigkeit zu verpflichten, ist eine ernste Frage. Wir sollten nicht immer jammern, daß wir zu wenige Priester haben, es gibt eine solidarische Verantwortung der Christen, um Berufungen Gottes zu beten – auch um Berufungen dort, wo Priester bereits geweiht sind. Kirchenrechtliche Bestimmungen, Aufnahmebedingungen wie die Verpflichtung des geweihten Priesters zur Ehelosigkeit haben Nachrang gegenüber der Feststellung der Berufung.

Die derzeitige Krisensituation der Kirche ist wohl auch als Herausforderung notwendig, um zu gewissen Entschiedenheiten zu finden. Gibt es keine Krisen, wird das ganze Leben zu einer geschmacklosen Suppe.

Woran es krankt, ist die Angst. Man hat Angst vor Krisen und meint ständig, daß etwas zugrunde geht. So notwendig Angst manchmal ist, als manipulierte Angst gehört sie zu den gefährlichen Erscheinungen der Gegenwart. Menschen, auch Gemeinschaften, wollen Sicherheiten. Wenn dann eine Angst aufgebaut wird, Sicherheiten zu verlieren, ist auf einmal Gewalt gerechtfertigt?

Wenn die Kirche Angst hat, daß etwas zu wackeln beginnt, wird plötzlich mit disziplinären Maßnahmen der Glaube sichergestellt. Das geht daneben. Glaube wird nie disziplinär festzumachen sein. Auch die sogenannten Dogmen sind doch den Menschen nicht gegeben, um einen für immer sicheren Glauben und die Wahrheit zu haben, sondern um in einer kritischen Situation zu wissen, woran man sich halten kann. Es handelt sich um Antworten auf Fragen, die in einer bestimmten Zeit aktuell waren, um Antworten, die damals so zu geben waren. Da manche Fragen heute überhaupt nicht mehr gestellt werden, sind auch die Antworten nicht verständlich.

Ein Beispiel dafür ist die neugierige Frage, in welchem Moment das Brot auf dem Altar nicht mehr Brot, sondern Leib Christi ist. Die Glaubenslehre von der Transsubstantiation ist heute keine Frage mehr, denn ein Wunder rational aufzulösen, zerstört das Mysterium. Durch die Fixierung der Aufmerksamkeit auf den Moment, wo die Hostie nicht mehr Brot, sondern Leib Christi ist, hat man den Sinn der Meßfeier vergessen. Der Priester hat am Altar das Meßopfer zelebriert, die Gläubigen haben auf den Moment der Wandlung gewartet; wenn er eingetreten ist, haben sie Jesus angebetet. Die Anbetung der Eucharistie war den Gläubigen zugeteilt, die Darbringung des Meßopfers war dem Priester zugeteilt. Aus dem, was zusammengehört, sind zwei verschiedene Sachen geworden.

Essen und Trinken sind *Lebens*mittel schlechthin. Eine Todeshingabe in einem Lebensmittel zu empfangen, macht für uns deutlich, wo unsere tiefsten Lebensquellen sind. Die Transsubstantiationslehre hat aber dazu geführt, daß man das Lebensmittel nicht mehr genießen konnte, denn wenn man die Hostie gegessen hatte, war Jesus weg. Man meinte, ihn anzubeten sei wichtiger, als ihn zu empfangen. Der Auftrag Jesu heißt aber nicht, verwandelt Brot, sondern der Auftrag heißt, nehmt und eßt, nehmt und trinkt – und das tut zu meinem Gedächtnis. Das Sakrament hat erst in der Kommunion sein Ziel erreicht. Der heilige Augustinus sagt: Wir empfangen, was wir schon sind seit der Taufe, Leib Christi.

Ich habe mich schon während des Theologiestudiums sehr intensiv für Liturgiewissenschaft interessiert. Das liegt daran, daß ich überzeugt bin, daß der Glaube der Kirche viel mehr an ihren Feiern als an der sogenannten Glaubenslehre festzumachen ist. Glauben heißt doch nicht in erster Linie ja sagen zu irgendwelchen Sätzen, die uns jemand vorsagt, sondern glauben heißt sich verlassen auf den, der uns leben läßt. Manche werden einwenden, das klingt protestantisch, nach dem sogenannten Fiduzialglauben, aber das Wem-Glauben ist wichtiger als das Was-Glauben. Davon bin ich überzeugt. Die Menschen glauben das, was sie beten, und nicht das, was sie einmal als Glaubenssätze gelernt haben.

Natürlich, wenn wir uns einmal darauf eingelassen haben, an Gott zu glauben und uns ihm anzuvertrauen, dann entsteht auch eine positive innere Neugierde. Es gibt eine Neugierde, die ich für unersprießlich halte, die bloße Neugier, Tratschgeschichten zu erfahren. Ich meine aber die tiefgründende, existentielle Neugier, das zu erfahren, was für uns wichtig ist. Von der betenden Kirche erfahre ich über Jesus mehr als aus dem Katechismus.

Da die existentiellen Probleme der Menschen immer dieselben sind, müssen wir uns fragen, wie wir die Antworten der Kirche heute transportieren können. Ich kann diese Frage auch nicht beantworten.

Es ist im allgemeinen wahrzunehmen, daß alte, große, anonyme gesellschaftliche Institutionen wie beispielsweise auch politische Parteien an Glaubwürdigkeit verloren haben und daß kleine Gruppierungen oft mehr Erfolg haben.

Wie hat denn Jesus von Nazareth seine Botschaft überbracht? In erster Linie durch sein Lebenszeugnis, das aber durch seine Predigten interpretiert wurde.

Wort und Leben stehen bei Jesus in einem unlösbaren Zusammenhang, das Lebenszeugnis ist das Stärkere, das Wort ist das Deutlichere. Das Wort ohne Abdeckung durch das Lebenszeugnis ist vergeblich. Die Menschen, die Jesus gehört haben, sagten: Der spricht anders als unsere Schriftgelehrten, er spricht wie einer, der die Vollmacht hat. Das wird oft nur dahingehend interpretiert, daß die Vollmacht Gottes in ihm war. Aber es trifft auch auf sein Menschsein zu, das ganz und gar wahrhaftig und authentisch war. Jesus sagt seinen Jüngern: Ihr müßt meine Zeugen sein! Er sagt auch: Lehrt alle Völker! Die Lehre ist Rede. Je weiter die verbale Lehre in Büchern entwickelt wird, desto eher kann man die Lehre vorschieben und sich persönlich aus dem Staub machen. Diese Versuchung kenne ich auch selbst nur zu gut. Aber unser Versagen als Zeugen des Glaubens macht es den Menschen, denen wir die Botschaft bringen sollen, vielleicht auch leichter, es immer wieder selbst zu versuchen, wenn sie spüren, auch wir Priester müssen ringen. Das Wort Wahrheit gehört zu den kostbarsten, aber auch zu den mißbrauchtesten Wörtern, die wir haben. Wenn man die Wahrheit zu einem Prügel macht, mit dem man andere totschlägt, erweist man der Wahrheit keinen guten Dienst. Wir Priester müssen sehr genau unterscheiden, was Wahrheit in Hinblick auf Gott heißt. Gott allein ist die absolute, unauslotbare, unerschöpfliche Wahrheit, die wir Menschen, weil wir Geschöpfe sind, nie ganz erfassen können. Wir bekommen immer nur kleine Einblicke in die Wahrheit Gottes, da es aber Einblicke in die Wahrheit Gottes sind, sind es wahre Einblicke. Die Wahrheit meines Glaubens ist Gottes Wahrheit, aber im Rahmen unseres Denk-

und Sprechvermögens, in eine menschliche Quantität gebracht.

Wir bekommen in unserer Theologie – in unseren Gebeten und Dogmen – ganz kleine Bissen aus der unendlichen Wahrheit Gottes serviert. Da nicht alle Menschen aus derselben Richtung in das Geheimnis Gottes hineinschauen, kann es sein, daß diese kleinen Stückchen, die sie sehen, miteinander unvereinbar scheinen. Der Besitzanspruch, ich habe die Wahrheit, ist eine Anmaßung und würde heißen, ich bin Gott. Gott allein kann sagen, ich bin die Wahrheit und das Leben.

Wenn die unendliche Wahrheit Gottes in Jesus Mensch geworden ist, ist es notwendig, daß diese Wahrheit multikulturell zur Entfaltung kommt. Warum hat Jesus nicht den Petrus alleine als Apostel eingesetzt, sondern zwölf? Es gibt das Menschsein nur in einer Vielfalt von Menschen; man ist Mann oder Frau, Kind, Mittelalter oder Greis – nicht einmal ein individuelles Menschsein kann ich gleichzeitig ausschöpfen. Ich kann nicht Mensch sein, ohne eine Sprache zu sprechen, und ich weiß, es gibt Hunderttausende andere Sprachen auch. Wenn Gott in Jesus Mensch geworden ist und bei den Menschen bleiben will, dann muß das Geheimnis Gottes in alle Kulturen und Sprachen übersetzt werden. Die verschiedenen Sprachen entdecken daraus verschiedene Seiten und Schichten, und erst das Miteinander läßt uns eine Ahnung von dem wahrnehmen, worum es wirklich geht.

Mich stören auch gegensätzliche Glaubensaussagen nicht. Mit den Glaubenssätzen sind uns Krücken gegeben. Eine Krücke reicht mir, um nicht auf die Nase zu fallen. Gottes *ganze* Wahrheit kann ich sowieso nie erfassen und schlucken. Ich glaube gar nicht, daß der einzelne Gläubige heute so kraß mit diametral einander widersprechenden Aussagen von Priestern konfrontiert ist – zumindest nicht in zentralen Fragen des Glaubens; in Fragen der Lebensweise vielleicht. Aber auch das darf uns nicht wundern, wenn jedem Menschen als von der Kirche anerkannter Entscheidungsinstanz das eigene Gewissen überlassen ist, gilt das auch für Priester, die ebenfalls ein eigenes Gewissen haben.

Ich weiß auch, daß ich manchmal Dinge sage, die in Rom nicht so gern gehört werden. Wenn ich im Gewissen davon überzeugt bin, werde ich es sagen. Die Prügel dafür muß ich einstecken. Das Zweite Vatikanische Konzil hat die Letztverantwortlichkeit des Gewissens ausdrücklich anerkannt, freilich mit der Mahnung, sich auch um die Bildung des Gewissens zu kümmern, denn der Verweis auf das Gewissen kann manchmal auch eine Ausrede sein, um sich jeder Verantwortung zu entziehen. Wenn wir uns auf eine Uhr verlassen sollen, muß es eine möglichst präzise Uhr sein. Das Gewissen als maßgebende Instanz muß sorgfältigst gehütet und gebildet werden. Daran fehlt es weitgehend.

Ich nehme an, daß manche Jugendliche, fragte man sie, was das Gewissen ist, kaum etwas mit diesem Begriff anfangen können. Um speziell ihnen begreiflich zu machen, daß der Glaube Antworten auf ihre Fragen gibt, wird man sich in der jetzigen Situation weniger auf die Kirche als Instanz zurückziehen dürfen. Junge Menschen haben ein gutes Gefühl dafür, wo etwas glaubwürdig und authentisch gelebt wird. Wir sollen nicht fragen, ob die katholische, die evangelische oder die anglikanische Kirche einen besseren Standpunkt hat, sondern die Begegnung mit Christen, die ihren Glauben überzeugend leben, macht auf andere Menschen Eindruck.

In dieser Hinsicht ist Papst Johannes Paul II. eine Persönlichkeit, die in der ganzen Welt Staunen auslöst, weil das, was er sagt, mit seinem Leben voll zur Deckung kommt.

Ich persönlich habe an ihm wahrgenommen, daß er nicht Papst für sich selbst ist, sondern er sieht das als eine Aufgabe in und an der Welt. Daß er sich zugleich auch um ein Gewissen kümmert, das nicht alles in seine Beliebigkeit gibt, sondern daß er sein Gewissen am anvertrauten Gut der Offenbarung orientiert, ist erstaunlich.

Es ist auch erstaunlich, daß einer, der von der Kurie immer wieder an seine Unfehlbarkeit erinnert wird, sagt, er muß mit anderen im Gespräch bleiben. Ich glaube sehr wohl, daß auch Jugendliche, die vielleicht in einzelnen Punkten, wie der Pillenfrage, nicht konform mit dem Papstwort leben, sich doch an seinen Aussagen orientieren. Die Suche nach überzeugenden Lebenskonzepten ist gerade in einer Gesellschaft, in der sich alles nur an Mehrheiten orientiert, wichtig. Es ist bequem, sich nach der öffentlichen Meinung zu richten und so in den Tag hineinzuleben, aber es macht nicht glücklich.

Es gibt kein allgemeines, demokratisch bestimmbares Gottesbild. Der Frage des Gottesbildes ist vielleicht durch Vergleiche aus der Welt der Kunst näherzukommen. Ich selbst habe bis zur Matura Geige studiert, mit dem Eintritt ins Priesterseminar allerdings den Geigenkasten für immer geschlossen. Musik und Theologie haben unheimlich viel miteinander zu tun, denn gerade die Musik ist eine nicht materialisierte, flüchtige, äußerst geistige Kunst. Musik malt. Und fast alle Gleichnisse malen für die Augen unsichtbare, sprachlich vermittelte Bilder. Dem Alten und Neuen Testament entnehmen wir, daß rationale Sprache nicht der Zugang zum Grund, in die Tiefe und in die Höhe ist. Bezüglich der Malerei heißt es: Du sollst dir kein Bild von Gott machen. Aber es heißt: Singet dem Herrn ein neues Lied, schlagt voll in die Saiten! Zur Musik werden wir aufgefordert, bezüglich des Bildes werden wir gewarnt.

Die zeitgenössische abstrakte Kunst ist für das Öffnen

dieser Tiefenschichten besser geeignet als die gegenständliche Kunst. In meinem Fach, der Liturgiewissenschaft, wird die Hymnologie deshalb zur Sprache gebracht, weil das Geheimnis Gottes immer aus verbaler und nicht verbaler Sprache besteht. Die Sprache der Theologie und der Musik scheinen sich vollkommen zu ergänzen im Sinn des Geheimnisses: Jesus ist Gott und Mensch zugleich.

Das Göttliche kommt vielleicht stärker in der Musik zum Ausdruck, das Menschliche stärker in der Theologie. Wo wird die Welt denn auf etwas Größeres, Tieferes hin aufgebrochen? Nur in der Kunst.

Was das persönliche Gottesbild des Priesters anlangt, weiß ich, daß jede Gottesvorstellung sehr menschlich geprägt ist. Zuerst dachte ich, nur Heiden haben menschliche Gottesbilder. Heute weiß ich: Weil wir Menschen sind, können wir nicht anders als menschlich von Gott denken und reden, aber wir sollten zugeben: Mein Gottesbild ist nur ein kleiner Eingang in das Geheimnis Gottes. Gott ist von meinem Bild nie ganz aufgefangen. Die Veränderungen im Gottesbild machen das Staunen vor ihm immer größer. Es gab Zeiten, da stand für mich der wahrhaftige, der gerechte Gott im Vordergrund, dann wieder der liebende.

Ich weiß nicht, ob ich mich als Priester stärker mit Gott beschäftige als andere Menschen, die schlicht beten. Ich habe mich mit Theologie zu beschäftigen, von meinem Fach her mit der Feier der Liturgie. Das ist möglicherweise etwas sehr Geschäftig-Oberflächliches. Dann und wann nehme ich mir die Zeit, Liturgie und Predigten eines anderen Zelebranten zu hören.

Es klingt überheblich, aber ich habe manchmal bei Priestern den Eindruck, daß sie keine Ahnung haben, von wem sie reden, wenn sie das Wort »Gott« in den Mund nehmen, und daß sie auch keine Ahnung haben, daß Gott anwesend ist, wenn sie mit den Gläubigen eine Messe feiern. Jesus hat mit seinen Predigten manchmal sehr viele, wenn es aber schwierig war, oft nur wenige erreicht; also sollen Pfarrer nicht enttäuscht sein. Es sollten uns eher große Erfolge nachdenklich machen, denn die kann man mit Attraktionen leicht erzielen. Auch Jesus hatte den meisten Zulauf bei Attraktionen, etwa der Brotvermehrung und den Wunderheilungen. Sobald Forderungen nach Ganzhingabe laut werden, wird es stiller. Beim Abendmahl waren noch zwölf um ihn, vielleicht waren auch noch ein paar Frauen dabei. Am Ölberg nur noch drei, und die haben geschlafen. Von der Verurteilung bis zum Tod haben ihm nur noch die Frauen und einer der Apostel die Treue gehalten. Ausgerechnet Petrus, auf den sich die katholische Kirche besonders gern bezieht, war nach dem Zeugnis des Evangeliums ein großer Versager. Jesus hat zu ihm nicht nur gesagt: Auf diesem Felsen baue ich meine Kirche; er hat im gleichen Zusammenhang gesagt: Weg, du Satan, deine Gedanken sind nicht meine Gedanken!

Das Versagen in der Jüngerschaft gehört mit zu den großen Geheimnissen. Wie kann eine Kirche über zweitausend Jahre bestehen, die von der Gründung an schon mit Versagen und Mißverständnis leben muß? Wir können überhaupt nicht auf unseren Glauben, sondern nur auf den Geist Gottes bauen.

Ich bin überzeugt, daß wir die Einheit der Kirche nicht herzustellen haben, sie ist unzerstörbar gegeben seit Tod und Auferstehung Christi und seit dem Pfingstfest. Der Geist Gottes ist der Geist der Einheit – und der Geist der Vielfalt. Alle Kirchen glauben im Bekenntnis an *eine* Kirche. Durch die Kirchenspaltung ist nur die Erkennbarkeit dieser Einheit verlorengegangen, und die ist genauso wichtig wie die Einheit selbst. Die Botschaft der Kirche bleibt solange unglaubwürdig, solange die Einheit der Kirche durch Streitereien verdunkelt ist. In einer globalisierten Welt ist dieses Anliegen wichtiger als je zuvor, denn die Verdunkelungen der nicht erkennbaren Einheit sind mit ein Grund dafür, daß soviel Vertrauen in die Christenheit verlorengegangen ist.

STEPHAN TURNOVSZKY

Fürchte dich nicht

Ein durchschnittlicher Wochentag beginnt bei mir vor sechs Uhr früh. Die Zeit von halb sieben bis sieben verbringe ich alleine im Meditationsraum bei stillem Gebet. Das sind weniger intellektuelle Gebete, sondern es ist ein Herzensaustausch mit Gott. Ich bringe vor, was mich beschäftigt, vom Vortag, vom kommenden Tag. Von sieben bis viertel acht beten der Pfarrer, der Praktikant und ich die Laudes, das Morgengebet, dann frühstücken wir. Am Vormittag halte ich zweimal in der Woche je drei Stunden Religionsunterricht in der Volksschule, die restlichen Vormittage sind Vorbereitungen jeglicher Art, für Predigten, Schulstunden, Firmlingstreffen, dem Erledigen der Post oder manchmal individuellen Gesprächsterminen gewidmet. Um halb eins findet das Mittagessen statt, dann ruhe ich mich meist zwanzig Minuten aus, weil mein Tag zeitig beginnt und lange dauert! Nachmittags haben wir die Begräbnisse. Wenn ich ein Begräbnis halte, versuche ich vorher, mit den Angehörigen Kontakt aufzunehmen, mich vorzustellen und einen guten Eindruck von Kirche zu machen. Tiefergehende Gespräche ergeben sich meist nicht, das liegt an der menschlichen Situation, da die Angehörigen ja in Gedanken ganz beim Verstorbenen sind. Ab und zu bespricht jemand vorher mit mir, welche Punkte ich aus dem Leben des Toten erwähnen soll. Ich glaube schon, daß positive Eindrücke von Kirche bei Menschen den Stein ins Rollen bringen können. Sie denken nach über Tod und Auferstehung im eigenen Leben, finden möglicherweise wieder einen Zugang zur Religion.

Am Nachmittag mache ich Alten- und Krankenbesuche, es finden Fortbildungsveranstaltungen für den Religionsunterricht statt, ich nehme an Erstkommunionsvorbereitung und Jungscharstunden teil. Um achtzehn Uhr ist Abendmesse. Zu einer Werktag-Abendmesse kommen im Durchschnitt zwanzig bis fünfundzwanzig Leute, ältere, aber auch junge. Wir haben viele Ministranten hier, auch wochentags. Nach der Abendmesse ist Zeit zu reden, vor der Abendmesse ist Beichtgelegenheit, die auch wahrgenommen wird, besonders am Sonntag. Ich spüre, daß es Menschen gibt, die die Beichte geradezu als Befreiung empfinden. Manchmal sind die Termine abends so eng, daß keine Zeit bleibt für ein Abendessen; wir haben Pfarrgemeinderatssitzungen, Firm- und Jugendtreffen.

Bei meinen Begegnungen mit Menschen bin ich nicht krampfhaft darauf bedacht, ein gutes Bild von Kirche zu geben. Ich würde sagen, ich bin sorgfältig, aber unbekümmert. Ich bin mir meiner Verantwortung bewußt, auf der anderen Seite weiß ich aber, daß es letztlich der Geist Gottes ist, der in den Menschen wirkt. Was ich mache, ist vielleicht ein Samenkorn auszustreuen, aber in meiner Bedeutung möchte ich mich nicht überschätzen. Man würde sich krank machen, schätzte man die eigenen Möglichkeiten zu hoch ein! Mein Anliegen ist es, den persönlichen Kontakt der Menschen zu Gott zu erleichtern, ihnen Wege zum Beten zu zeigen. Aber dieses Anliegen ist immer kirchlich vermittelt. Beten kann jeder, und wenn es nur ein Gefühl ist, das man Gott entgegenbringt. Wer führt denn die Menschen zum Beten? Wer ist es, der die Sakramente spendet? Es ist die Kirche! Leider sind die Erfahrungen, die die Leute mit der Kirche gemacht haben, nicht immer gut. Ich versuche, manches zu erläutern, anderes lasse ich stehen und sage: Ja, es ist nicht alles selig in der Kirche. Ich versuche ein weitverbreitetes, aber häretisches Bild von Kirche zurechtzurücken, das meint, die Kirche sei eine Gemeinschaft von Heiligen. Heilig meine ich jetzt nicht im theologischen, sondern eher im volkstümlichen Sinn. Es stimmt einfach nicht, daß Kirche eine Gemeinschaft von besonders braven Menschen ist. Kirche, als Gemeinschaft aller Getauften, das Volk Gottes, besteht aus Menschen, die sich von Gott berufen wissen, die von Gott einen Heilsauftrag haben für die ganze Welt – aber in diesem Spektrum gibt es Heiliges *und* Sündiges. Meist sind die sogenannten Heiligen Heilige und Sünder in Personalunion. Schauen Sie sich den heiligen Petrus an, auf den die Kirche gegründet ist. Das Evangelium spricht beredt von seiner Sünde, wie er Christus verraten hat. Die Kirche ist nicht deshalb abzulehnen, weil es in ihr auch Mangelhaftes, Sündiges gibt.

Die Themen, die – Stichwort Kirchenvolksbegehren – als Kritikpunkte an der Kirche durch die Medien gehen, sind nur zum Teil echte Anliegen der Gläubigen. Ich empfinde die Mediendiskussion als sehr oberflächlich, wir sprechen von Sachen, die nicht wesentlich sind. In der Kirche ist *das* Thema Jesus Christus! Ich habe keine Angst um die Kirche, das ist jetzt nur eine wilde Zeit, durch die sie durchgeführt wird. Wir erleben sicher eine Krise, in dem wortwörtlichen Sinn von Krise, daß sich jetzt vieles entscheidet. Ob Priester ehelos bleiben oder nicht, das macht's überhaupt nicht aus! Es sind auch im »Dialog für Österreich« keine Glaubensfragen angesprochen. Die Frage der Zulässigkeit der Priesterweihe für Frauen wäre eine Glaubensfrage, aber die hat man ausgenommen. Natürlich gibt es wichtige Themen, die die Menschen betreffen, wie die Zulassung wiederverheirateter Geschiedener zu den Sakramenten. Aber worüber wird geredet?

über den Zölibat und die Stellung der Frau. Manchen ist das auch ein echtes Anliegen, aber viele greifen einfach ohne Betroffenheit die Themen auf, die in den Medien präsent sind. Die überwiegende Zahl der Gespräche mit einem Priester dreht sich aber um persönliche Anliegen der Leute in ihrem ureigensten Lebensbereich, sie wollen beispielsweise Hilfestellungen beim Beten. Ich will die Hinführung der Menschen zu Gott nicht vom Verzicht her initiieren. Natürlich kann uns Verzicht frei machen von Abhängigkeiten. Doch wesentlicher scheint mir die Sehnsucht, die jeder in sich trägt. Wir sollen eine Froh-, keine Drohbotschaft vermitteln! Das heißt nicht, die Sünde zu negieren, die gibt es, ohne Sünde kann man nicht die Welt und sich selbst verstehen. Es ist notwendig, über die Sünde zu sprechen, aber nicht als Erstverkündigung.

Warum die Kirche ihre Kompetenz als Ansprechpartner für die ewigen Fragen der Menschheit in unseren Breiten zum Teil abgegeben hat, sei es an andere Religionen, sei es an esoterische Bewegungen, kann ich nicht beantworten, ich bin kein Universitätsprofessor. Ich vermute aber, es liegt am soziologischen Wandel zu einer pluralistischen, demokratischen Gesellschaft. Der moderne Mensch muß wählen. In vielem hat das sein Gutes, wenn beispielsweise heute die Wahl des Ehepartners frei ist, die Berufswahl, die Wahl des Staatsoberhauptes. Früher war die Glaubenswahl nicht frei. Wer sich heute für die Religion entscheidet, tut es aus einer Herzensentscheidung. Auf der anderen Seite hat es den Nachteil, daß viele Menschen mit der Fülle der Wahlmöglichkeiten überfordert sind und orientierungslos werden. Sie sehen nicht eine Wahrheit, sondern oft ein vielfältiges Angebot von möglichen Wahrheiten. Die Frage nach der einen Wahrheit ist viel diskutiert. Ich glaube an die Wahrheit, die im Evangelium steht. Jesus Christus sagt: Ich bin der Weg und die Wahrheit und das

Leben. Das ist der Unterschied zwischen der katholischen Religion und vielen anderen Institutionen. Bei uns ist die Wahrheit nicht ein Gesetzesbuch, sondern eine Person. In dem Sinn halte ich daran fest, daß im Christentum die Wahrheit zu finden ist. Vermitteln können wir diese Wahrheit durch persönliche Berührtheit, durch die Begegnung mit Menschen, die Zeugnis ablegen. Aus dieser Berührtheit heraus bin ich Priester geworden.

Ich bin jetzt vierunddreißig. Nach dem technischen Studium habe ich zweieinhalb Jahre als Chemiker gearbeitet; zuerst hatte ich einen Werkvertrag für ein Forschungsprojekt an der Uni, dann war ich zwei Jahre in der Industrie in der Forschung und Entwicklung tätig. Ich war schon damals ein gläubiger Mensch und dachte auch, daß das Berufsleben als Chemiker der Weg sei, den Gott für mich vorgesehen hatte. Es gab Momente, da spürte ich: Meine Arbeit ist schön, aber es gibt noch mehr im Leben. Als verlockende Alternative fiel mir dann immer wieder ein: Priester – das könnte doch was sein, das aufs Ganze geht im Leben. Das Risiko dabei hat mich fasziniert, so manche Sicherheiten aufzugeben und alles Gott in die Hände zu legen. Man gibt den guten Verdienst auf – sicher, wir werden unterhalten, aber früher habe ich viel mehr verdient. Man gibt die regionale Mobilität auf, die Entscheidung, ins Ausland zu gehen – das hat mir anfangs weh getan: Ich bin Priester der Erzdiözese Wien und an das Wiener Diözesangebiet gebunden. Ich stehe dem Bischof gegenüber in einem Gehorsamsverhältnis. Auch die Ehelosigkeit ist etwas, das man sich genau überlegt. Obwohl – ich mag das Wort Ehelosigkeit nicht, mich stört dabei die Blickrichtung. Wenn man sich ganz Jesus Christus anvertraut, steht ja nicht im Vordergrund, was man dadurch *nicht* hat, sondern was man *hat*. Ich will jetzt nicht zu groß von der ganzheitlichen Hingabe sprechen, ich stehe erst am Anfang und habe noch viele Vorbehalte in mir. Aber es geht beim Zölibat des Priesters um eine ganzheitliche Hingabe an Jesus Christus, nicht um Ehelosigkeit. Wenn ein Mann heiratet, steht im Vordergrund, daß er eine Frau heiratet, und nicht, daß er eine andere oder alle anderen nicht heiratet. Niemand würde die Ehe als Zweitfraulosigkeit definieren. Der Zölibat ist eine große Lebensentscheidung, für mich war er aber keine schwierige Entscheidung, obwohl ich während des Chemiestudiums fest vorhatte, zu heiraten und eine Familie zu gründen. Aber ich vergleiche die Entscheidung, Priester zu werden, gerne mit der zu einer Ehe. Auch die Eheentscheidung ist eine schwerwiegende, aber vielen Paaren fällt sie gar nicht schwer – für die ist das ganz klar, daß sie heiraten. Die Möglichkeit, als Priester ehelos zu leben, hat sich mir mit großer Freude dargestellt, ich wußte: Ich gehe mit Jesus Christus durchs Leben, ich vertraue mich ihm an und kann sagen: Führe mich, wohin du willst. Jede Entscheidung bringt Verzicht mit sich. Wir sollen ja Virtuosen unseres Lebens sein, wir sollen das werden, was wir von Gott her sind. Ein Pianist muß sich auch dafür entscheiden, Musiker zu werden, dieses Instrument zu spielen, das bringt ihn um andere Möglichkeiten – er kann kein Schmied werden!

Ich soll ein guter, zölibatärer Priester sein, der diese Christusbeziehung intensiv lebt. Als meine Entscheidung gefallen war, war auch beruflich der Zeitpunkt für einen Karrieresprung gekommen. Ich sagte in der Firma, ich wolle nicht avancieren, sondern die Branche wechseln. Ich bin froh über meinen Entschluß, meine Sehnsucht ist aufgegangen. Vieles ist nicht so gekommen, wie ich es mir vorgestellt habe, aber das ist gut so, ich wollte mich ja ganz Christus anvertrauen – freilich ohne meine eigene Verantwortung abzugeben. Je länger ich diesen Weg gehe, desto zufriedener bin ich. Es gibt sicher Details, die nicht befriedigend sind, oft ist zuviel zu tun. Doch morgens während der halben Meditationsstunde und abends, da ist der Friede ganz in meiner Seele. Es ist befreiend, auf manche Sicherheiten zu verzichten. Nicht im dummen Sinn, daß man sich beispielsweise nicht mehr gegen Krankheiten impfen läßt. Wir sollen vernünftig sein, aber nicht ängstlich. Das Gottesvertrauen ist ein zentraler Punkt. Viele Menschen haben heute Angst vor der Zukunft. Eine der großen Botschaften des Christentums ist: Fürchte dich nicht, Gott liebt dich, er hält dich in seiner Hand. Es ist wunderbar, das zu erkennen. Mein Lebensweg paßt jetzt zu mir.

JOHANN WEBER

Wir brauchen eine stille Koalition nachdenklicher Menschen

Ich stamme aus einer bunt gemischten Familie, die man nicht als ausgesprochen katholisch bezeichnen kann. Als Bub hatte ich die Idee, Priester zu werden, das war noch nicht ernstgemeint. Mit sechzehn wurde ich zum Kriegsdienst eingezogen. Die Bedrückung, die man an der Front durch Grausamkeit, Haß und Tod erfuhr, hat mich geprägt. Nach dem Krieg inskribierte ich meine Lieblingsfächer, Geschichte und Germanistik. Im Umfeld von Bombenruinen, Vermißten und Hunger kam ich zur Erkenntnis: Das genügt mir nicht. Ich will in meinem Leben mehr als eine übliche Berufskarriere leisten. Ich brach das begonnene Studium ab und ging 1946 ins Priesterseminar.

Seit neunundvierzig Jahren bin ich jetzt Priester. Ich habe diese Entscheidung nie in Frage gestellt. Ich war mit großer Begeisterung Pfarrer in einem nicht sehr attraktiven Viertel von Graz. Manche sagen mir: Du hast Karriere gemacht. Ich sehe das nicht so. Würde man das Bischofsamt in Glanz und Gloria leben, wäre das nicht befriedigend, man müßte daran scheitern. Der Bischof muß in erster Linie Seelsorger bleiben, mit den Menschen gemeinsam unterwegs sein.

Seit ich ein junger Priester war, hat sich das geistige Umfeld sehr geändert. Wir waren damals auch geistig ausgehungert, in der Hitlerzeit war der Zugang zu Religiösem hermetisch abgesperrt. Später kam der Wohlstand, der uns in spirituellen Fragen eine ungeheure Vielfalt brachte.

Auf einmal war nicht mehr nur der Pfarrer Ansprechpartner in Fragen des Lebens und des Todes. Ich halte das für eine spannende Entwicklung, die man nicht beweinen darf. Nach der Fortschrittsgläubigkeit der sechziger und siebziger Jahre, als man glaubte, alles beherrschen zu können, ist jetzt wieder eine andere Epoche angebrochen. Heute haben verschiedene Institutionen Zulauf, die versprechen, die Rätsel des Lebens zu entschlüsseln. Wir haben kein Monopol mehr, zu sagen, so ist es, sondern wir befinden uns im Dialog mit verschiedenen nicht immer richtigen Richtungen und Meinungen. Da muß man mutig auftreten.

Wir glauben nicht an ein System, an eine Weltanschauung, sondern wir glauben an Jesus Christus. In ihm hat sich Gott uns zugewandt. Und es gibt die Auferstehung – das ist die innerste Stärke des Christentums und Grund dafür, daß ich überhaupt Christ sein möchte. Oft sieht man nur die Institution Kirche, aber Gott geht mit uns, er ist lebendig, der Tod ist nicht das hoffnungslos Letzte. Wie wir das heute den Menschen nahebringen, das ist die Frage. Aber ich möchte mich dagegen verwehren, in ein Lamento zu verfallen, daß früher alles besser gewesen sei. Das stimmt nicht. Könnte ich wählen, wann ich leben und Bischof sein möchte, so entschiede ich mich für jetzt. Die Jahrtausendwende schürt Emotionen und wird vermarktet, sie soll aber auch Anlaß sein, darüber nachzudenken, wohin sich unser Leben und die Gesellschaft entwickeln. Mein Motto lautet: Wir brauchen eine stille Koalition nachdenklicher Menschen. Die gibt es, unter Gelehrten und unter einfachen Menschen mit Hausverstand. Wir sollten nachdenken und nicht für alles sofort Lösungen parat haben, die wir aggressiv gegeneinander ausspielen. Wozu lebe ich? Was geben wir den Kindern an Werten mit? Darüber sollten wir ruhig miteinander sprechen und nicht Diskussionen abführen, die sofort veröffentlicht werden. Man muß auch ohne Patentlösung nach Hause gehen dürfen, ohne daß Pakte geschlossen werden, bei denen es dann heißt: Aha, die Kirche hält es mit dieser oder jener Partei. Das ist zu laut. Wir müssen einsehen, daß es kein evolutionäres Besserwerden der Menschheit gibt, jeder beginnt wieder für sich. Wir sehen das an Eltern, die klagen, daß sie ihren Kindern alles bieten und diese doch einen eigenen Weg gehen. Dasselbe kann man als Lehrer in der Schule beobachten. Jeder Mensch ist nicht nur ein neues denkendes Wesen, er durchlebt auch Phasen. So ist es auch mit der Gesellschaft, die sich rasch ändert. In meiner Kinderzeit erlebte ich eine bittere Armut, die innerhalb weniger Jahrzehnte dem Wohlstand gewichen ist. Aber es gibt andererseits auch Bereiche, wo wir einen evolutionären Fortschritt sehen, der auf das Konto des Glaubens geht. In zweitausend Jahren Christentum ist Beachtliches im Impuls dieses Glaubens geschaffen worden, von der Kultivierung unseres Landes, die wir weithin Mönchen verdanken, von der Errichtung von Krankenhäusern und sozialen Einrichtungen bis zur heutigen Caritas. Das gilt für viele Regionen der Welt, denn wir sind eine Weltkirche. In der globalisierten, grenzenlosen Welt müssen wir Mißtrauen abbauen. Das gilt sowohl für das Verhältnis zwischen Rom und den Nationalkirchen als auch für das zwischen den Amtsträgern und dem gläubigen Volk.

Ich bin jetzt seit dreißig Jahren Bischof, und man kann mir nicht vorwerfen, daß ich alles nur so laufen ließe. Aber ich habe erfahren, wenn man nur auf Autorität pocht und sagt: Ich bin der Chef, deshalb hast du das zu tun – da wird nicht viel wachsen. Die wirkliche Kraft der Autorität ist im Evangelium festgelegt, wenn Jesus vom Hirten redet. Der Hirte, der seine Herde prügelt, wird kein guter Hirte sein. Der Hirte, der schläft, bei dem die Herde macht, was sie will, wird auch kein guter Hirte sein. Wir müssen einen Mittelweg finden. Bei der Priesterweihe verspricht jeder Priester den Gehorsam – ich mußte noch nie bei jemandem diesen Gehorsam einmahnen. Im Verhältnis Papst – Bischöfe kann in einer Weltkirche der Fall eintreten, daß jemand feststellt, ich denke anders, aber um des Ganzen willen tue ich mit. Der Begriff Lehre umfaßt nicht nur die hierarchische Beziehung von oben nach unten, sondern alle tragen bei, den Glauben an Jesus Christus in der jeweiligen Zeit und im jeweiligen Land verständlich zu machen. Das Lehramt wirkt auch von unten nach oben. Die Wahrheit ist uns durch die Zuwendung Gottes im Evangelium und im Leben der Kirche gegeben. Man kann nicht alles zur Disposition stellen, aber die Wahrheit muß immer neu verständlich gemacht werden. Der größte Gestaltungsversuch war das Zweite Vatikanum. Es wird nicht das letzte bleiben, es wird wieder Konzilien geben, weil sich die Welt rasch ändert.

Ich möchte nicht in einer Kirche leben, in der alles marmorglatt ist, das wäre eindrucksvoll, aber kalt. Gott kennt uns sehr gut, er gibt uns das Ziel vor. Man kann das damit vergleichen, daß man in der Nacht den Polarstern sieht und sich an ihm orientieren kann, den Stern selbst kann man aber nie erreichen. Der Mensch wäre unendlich arm ohne Orientierungspunkte, er braucht sie, auch wenn seine Schwachheit und Laxheit ihn an der Verwirklichung der vorgegebenen Ziele hindern. In der Bibel finden wir neben radikalen Anforderungen auch immer eine unendliche Geduld mit unserer Schwachheit.

Was die Sexualmoral anlangt, sehe ich oft einen Tick, daß die Kirche zuviel davon redet. Andererseits habe ich schon so oft miterlebt, daß sexuelle Revolutionen und Befreiungsbewegungen proklamiert wurden. Die Sexualität ist eine so starke Kraft, daß der Mensch sie nie ganz bewältigen kann. Eine uns nicht eben nahestehende Zeitschrift, der *Spiegel*, hat geschrieben, wir hätten die Sexualität gewonnen, aber die Liebe verloren ...

Es ist weder richtig, die Sexualität abzuwerten noch sie zum Wichtigsten hochzustilisieren, zu sagen, wenn das klappt, ist alles gerettet. Daß dies das falsche Rezept ist, sehen wir an der Vielzahl der aus diesem Grund gescheiterten Beziehungen. Ich denke, es ist typisch für den deutschsprachigen Raum, daß wir alles immer genau normiert haben möchten, auch im Bereich der Sexualmoral. In den romanischen Ländern akzeptiert man eher, daß es Vorschriften gibt, und man weiß gleichzeitig, daß die Menschen schwach sind und diese oft nicht einhalten. Aber deshalb käme man nicht auf die Idee, die Normen zu ändern. In unserer Sucht, alles bis ins Detail auszujudizieren, machen wir uns in vielen Bereichen die Lebensfreude kaputt.

Ich glaube daran, daß die Zehn Gebote und grundlegende Texte, wie die Bergpredigt, zum Wohle des Menschen eingehalten werden sollen. Gerade in der Sexualität geht es in erster Linie um die Würde des Menschen. Diese und das Wohl des Menschen gibt es nicht zum Diskontpreis zu kaufen, es kann nicht heißen: Tu, was du willst. Lebten wir nach dieser Maxime, würde das Leben sehr verarmen. Ich habe Rücksicht zu nehmen. Die Gebote sind keine Schikanen, um uns zu sekkieren. Normen sind notwendig, wo Menschen zusammenleben und einander helfen sollen. Ich habe an meiner Mutter ein wunderbares Beispiel dafür erlebt, wie man anderen einen Weg vorgeben kann. Sie war eine sehr fromme Frau, uns Kinder hat sie jedoch nie zu etwas gezwungen oder genötigt. Wir wußten immer, was sie von uns erwartet. Auf diese Art hat sie uns für das Leben mehr mitgegeben, als wenn sie immer mit erhobenem Zeigefinger doziert hätte.

Auch die Kirche hat Position zu beziehen, sie hat etwas mitzureden und zu sagen. Daß die österreichische Gesundheitsministerin meint, die Kirche solle sich beispielsweise in der Diskussion um die Abtreibung und die Abtreibungspille nicht zu Wort melden, muß ich zurückweisen. Die Kirche hat zu sagen, daß der Mensch und sein Leben von Gott kommen, daß jeder Mensch seine unantastbare Würde hat. Wir müssen uns darüber im klaren sein, was im Zuge einer Abtreibung passiert, und wir müssen uns zum Anwalt dieses werdenden Menschen machen.

In aktuellen Diskussionen um Kirchenthemen tut es mir weh, wenn der Eindruck der Lächerlichkeit entsteht, wenn Menschen das Gefühl haben, die dort verstehen uns nicht. Daß wir uns plagen und oft zugeben müssen, daß wir keine Patentrezepte haben, daß die Streitgespräche hin- und herwogen, tut mir weniger weh. Es gibt so viele Dinge, über die es sich lohnt zu streiten. Ich freue mich, wenn Streit dazu beiträgt, daß viele Menschen über etwas nachdenken. Ich mag das Reden von der sogenannten schweigenden Mehrheit nicht; sie sollen selbst reden, sie sollen sich zu Wort melden. Es geht nicht, daß sich in den oberen Etagen ein paar etwas ausmachen, das servieren, und die unten sagen ja. Heute, wo durch die Medien so viele Menschen in Diskussionen hineingezogen werden, sollen sie sich auch aktiv daran beteiligen. Daß da auch Gurus und Scharlatane mitmischen, können wir kaum verhindern. Die Kirche soll mitmischen, aber sie soll nie versuchen, ohne Gott auszukommen.

Die Kritik an der Kirche ist heute lauter als früher, gegeben hat es sie immer. Der Pfarrer war eine unantastbare Autorität, man hat ihm nicht laut widersprochen, aber im stillen sehr wohl. Auseinandersetzungen um Kirche sind keineswegs neu, um das Zweite Vatikanum hat es heftigste Konflikte gegeben. Die beschäftigten sich aber meist mit essentiellen Fragen des menschlichen Lebens. Heute bleiben die Diskussionen an der Oberfläche, es geht oft vordergründig um bestimmte Personen, gewisse Ereignisse. Mir geht es nicht um Machtkämpfe, um Positionen und Skandale, sondern um die Ernsthaftigkeit jeder Auseinandersetzung. Oft sind wir selbst mit schuld, daß die Grundfragen unbeantwortet bleiben. Trotzdem müssen wir unverdrossen weitergehen und uns fragen: Was heißt heute, an Gott zu glauben?

Das lateinische Wort credo, ich glaube, hängt mit cor dare, das Herz herschenken, zusammen. Glauben heißt für mich: Ich bin unterwegs, ich bin auch als Bischof nie fertig, ich muß mich an Jesus Christus anhalten. Ich muß versuchen, mein Leben trotz aller Mangelhaftigkeiten, die ich genauso wie alle anderen Menschen habe, nach dem Evangelium zu gestalten. Ich muß beitragen, daß wir weiterhin die Luft der Hoffnung atmen. Diese Hoffnung wird auch durch den Tod nicht abgeschnitten.

Ich will den Menschen in der Kirche und auch außerhalb etwas von meinem Herzen geben. Wir sind miteinander von Gott gerufen. Daher müssen wir ohne Rivalität zu ihm aufbrechen. Dialog ist notwendig, da man dem Menschen heute nicht einfach etwas vorsetzen kann, sondern er muß sich gewisse Dinge auch im Zuge von Auseinandersetzungen erarbeiten. Die Kirche muß innerhalb ihres Grundglaubens ihre Gestalt immer wieder ändern. Das sollen sich nicht ein paar Kluge untereinander aushandeln, sondern da sollen möglichst viele mitreden. Ich bin Priester, aber den Menschen am Arbeitsplatz, in den Familien ist das Evangelium genauso wie mir anvertraut.

ULRICH KÜCHL

In der Kunst und in der Kirche gibt es keine Demokratie

Die Frage nach meinem Berufungserlebnis, das zur Entscheidung führte, Priester zu werden, ist mir schon sehr lange nicht mehr gestellt worden. Früher hat man mich das oft gefragt. Es gab kein Berufungserlebnis. Die Leute stellen sich das immer so vor: eine blitzartige Erleuchtung oder der Einbruch einer jenseitigen Erschütterung. Nichts. Ich habe mich einfach dazu entschlossen, ich dachte: ein schöner Beruf, das wär' was – aus. Was mich damals angezogen hat, war weder so sehr die Beschäftigung mit der Theologie noch das soziale Engagement. Ich bin in einer Kleinstadt, in Waidhofen an der Ybbs, aufgewachsen, ich kannte alle Landpfarrer aus der Umgebung. Die Person des Landpfarrers hat mich fasziniert, ich verband damit eine romantische Vorstellung.

Als ich dann zum Priester geweiht wurde und die Berufsrealität kennenlernte, fand eine erste Entzauberung statt. Man stellt sich ja vor, daß man ein äußerst geruhsames Leben führt und Zeit hat für schöpferische Muße; auch, daß man für andere da ist, aber in einem gemächlichen Rahmen. Nichts von den romantischen Vorstellungen hat sich bewahrheitet. Ich habe hier zwei kleine Pfarren zu betreuen, nahe der tschechischen Grenze. Die persönlichen Kontakte zwischen Tschechen und Waldviertlern sind problemlos, der kollektive Kontakt von Volk zu Volk ist nicht so friktionsfrei. Jenseits der Grenze ist die religiöse Situation trostlos, die Herzen der Menschen sind verwüstet, sie haben keinen Bezug zur Transzendenz. Man muß sich nur diese verhärmten Gesichter ansehen, die Leute sind vollkommen vermaterialisiert, die vierzig Jahre Kommunismus haben schrecklich gewirkt. Der nächste katholische Pfarrer drüben ist in Neuhaus, er hat zehn Pfarrgemeinden zu betreuen, die fährt er jeden Sonntag ab. Wenn zwei, drei Leute da sind, dann hält er die Messe, ist keiner da, fährt er weiter.

Ich habe neben den zwei Pfarren das Stift Eisgarn samt Forstbetrieb zu verwalten. Ich gehe auch selbst in den Wald hinaus, um Entscheidungen zu treffen.

Außerdem bin ich von Bischof Krenn zum Bischofsvikar für Kunst und Kultur der Diözese St. Pölten bestellt worden. Ich versuche, die zeitgenössische bildende Kunst wieder ein bißchen mit der Kirche zusammenzubringen, das ist eine sehr mühsame, wenig erfolgreiche und zeitraubende Aufgabe. Naja, dann kommt halt noch meine private Tätigkeit als Musiker und Komponist dazu, wofür ich kaum Zeit habe.

Die zweite Entzauberung des Priesters findet in dem Moment statt, wenn er das erste Mal kritisiert wird. Früher haben die Leute auch negativ über den Pfarrer gesprochen, aber nicht so offen. Heute ist das ganz normal; wenn einem am Pfarrer etwas nicht gefällt, sagt man es, oft in einer sehr scharfen Form. Vieles wird zu Unrecht kritisiert, da die Leute ja gar keinen Einblick haben, warum man etwas so oder so macht. Der gesellschaftliche Status, den man als Pfarrer in einer Landgemeinde innehat, ist noch relativ hoch. Man grüßt einander auf der Straße, aber die Leute erwarten heute selbstverständlich, daß ich sie zuerst grüße.

Für die Pfarrangehörigen ist entscheidend, daß es eine Pfarre mit Gottesdienst und Aktivitäten gibt. Den meisten ist wichtig, daß die Kinder den Religionsunterricht besuchen und daß die sogenannten Passageriten zu den Höhepunkten des Lebens, wie Hochzeit, Taufe und Begräbnis vom Pfarrer schön gemacht werden.

Dreißig Prozent der Pfarrangehörigen sind in der Sonntagsmesse anwesend, nicht immer dieselben, aber es gibt kaum welche, die nie kommen. Diejenigen, die mit der Kirche und mit mir als Person nichts zu tun haben wollen, kann ich an den Fingern einer Hand abzählen. Eine Kirchenaustrittswelle hat es hier nicht gegeben, in den letzten zehn Jahren hatte ich drei Austritte.

Die Forderungen des Kirchenvolksbegehrens stehen hier in meiner Gemeinde nicht im Mittelpunkt des kirchlichen Interesses, übrigens auch in Wien nicht. Es gibt eine Funktionärsschicht, sowohl auf geistlicher Seite als auch auf Seite der Laien, für die diese Forderungen einen hohen Stellenwert besitzen.

Ob Frauen Diakoninnen oder Priesterinnen werden, interessiert hier niemanden brennend, das ist nicht das Thema, das im Wirtshaus besprochen wird. Die Leute sagen, man sollt' schon einmal was Neues machen, aber mit dieser Feststellung hat sich das Interesse erschöpft. Von einer Kirchenspaltung kann ich in meiner Gemeinde nicht sprechen. Zwar sagen manche, auch unser Propst sollte offener sein, andere finden, der Propst ist liberal genug. Daß ich komponiere, wissen die Leute hier, aber das ist ein Faktum am Rande ihres Gesichtskreises. Ich persönlich würde, initiierte ich ein Kirchenvolksbegehren, ganz andere Fragen als die jetzt aufgeworfenen thematisieren. Konform gehe ich mit den gestellten Forderungen dort, wo es um wiederverheiratete Geschiedene geht. Ich persönlich handhabe das in der Praxis großzügig – ohne daß ich den Lehren der Kirche widersprechen möchte oder die Sakramentalität der Ehe in Frage stellte. Ich sehe ja, daß die Menschen in solche Situationen hineingeraten. Da lautet mein Motto Barmherzigkeit. Der Seelsorger muß Mitgefühl haben, er muß mit allen menschlichen Schwächen barmherzig umgehen.

Was die Forderung nach mehr Demokratie in der Kirche anlangt, ist das eine zweischneidige Sache. Erstens hat die Demokratie ihre Mängel und kann zu einer Diktatur der Mehrheit ausarten. Zweitens kann man über gewisse Fragen nicht demokratisch entscheiden. Über organisatorische Abläufe innerhalb der Gemeinde kann man abstimmen, aber die Lehre der Kirche kann keinem Abstimmungsverhalten unterliegen.

Für die Beantwortung vieler Fragen wäre als Voraussetzung zudem ein großes fachliches Wissen gefordert – auch hier sind die Grenzen der Demokratie erreicht. Was das Frauenpriestertum anlangt, hat der Papst jetzt gesagt: Das gibt es nicht. Ich akzeptiere das. Wenn der Papst es erlaubt hätte, hätte das in meinen Augen nicht die Identität der Kirche verändert. Ich glaube, Priester, Bischöfe, der Papst sollen ein großes Gefühl der Loyalität füreinander haben. Ich fasse das nicht als Unterordnung auf, denn ich bin gegen jede Art von Unterordnung, sondern das ist für mich eine Frage der Loyalität, daß ich dem Papst nicht in den Rücken falle. Das ist der Respekt vor dem Amt, auch wenn ich selbst diesen Papst nicht so sympathisch finde. Aufgrund dieser Loyalität sage ich nichts mehr zum Thema Priesterinnen. Wenn mich jemand fragt, ob er die Pille nehmen darf, sage ich, nach den Aussagen des Papstes darf er es nicht. Es ist dies zwar kein Dogma, doch eine Entscheidung, die großen Respekt vor dem Papstwort fordert. Wenn das jemand nachvollziehen kann, ist es gut, wenn nicht, dann ist in dem Fall das Gewissen stärker, auch wenn es falsch ist. Ich kann den Fragenden auffordern, sein irriges Gewissen zu korrigieren. Wenn auch das nicht möglich ist, bleibt das Gewissen das Stärkere.

Das Gewissen ist ein übernatürliches Band, die Verbindung des Geschöpfs zu seinem Schöpfer. Das darf man nicht beleidigen. Die vielzitierte Kirchenkrise ist zum Teil hausgemacht, die jetzt erhobenen Forderungen an Rom stellen oft Themenverfehlungen dar. Sehr wohl gibt es aber eine Glaubenskrise. Praktisch gelebte Religion hat eine ungeheuer starke soziologische Komponente, die oft unterschätzt wird. Ob mein Glaube wach wird, hängt stark von soziologischen Verhältnissen ab. Das moderne Zeit- und Lebensgefühl ist von entscheidendem Einfluß, denn es hindert viele Menschen, zu Gott zu finden. Auch auf dem Land gibt es ja schon lange keine geschlossene Gesellschaft mehr, doch haben es die Menschen in einer kleinen Gemeinde leichter, einen Zugang zum Glauben zu finden als in der anonymen Großstadt. Das hat nichts mit Traditionschristentum zu tun. Widrige soziologische Bedingungen machen den Menschen nicht schlechter, doch sein Weg, zu sich selbst zu finden, ist verstellt. Areligiöse Menschen gibt es ja kaum, meist sind das solche, die das Religiöse in sich lange mühsam unterdrücken, bis sie zu Atheisten werden. Das Geschöpf sehnt sich nach seinem Schöpfer, so hat Gott den Menschen gemacht, diese Sehnsucht kann man nicht einfach abschalten. Der Glaube hat's schwer in einer Erlebnisgesellschaft, in der die oberste Lebensmaxime lautet: Schaff dir mühelos erlebbaren Genuß.

Werte werden daran gemessen, wie weit sie sich konsumieren lassen. Das gilt in der Sexualmoral genauso wie in der modernen Kunst. Der Zugang zur modernen Kunst findet oft deshalb nicht statt, weil man ihn sich erarbeiten müßte! Es gibt ein großes Angebot an leicht Zugänglichem, da sagt sich mancher, wozu Mühe aufwenden? Das führt uns zu Bereichen, die ich in einem Kirchenvolksbegehren thematisieren würde, nämlich zum Beispiel liturgische Fragen in der Messe. Vor hundert Jahren sind die Leute andächtig in der Sonntagsmesse gesessen, es ist aber überhaupt nichts passiert. Der Priester hat vor der Messe zu ihnen gepredigt, dann ist er in die Sakristei gegangen, ist wieder herausgekommen und hat vorne eine Stunde lang seine Messe zelebriert. Die Gläubigen haben konzentriert zugeschaut, sie haben daran geglaubt, daß unsichtbar etwas Großartiges vor ihren Augen passiert, und sie waren überzeugt, etwas Gutes getan zu haben. Das wäre heute undenkbar, obwohl sich der Gottesdienst formal sehr geändert hat. Vor allem jüngere Gottesdienstteilnehmer fordern immer mehr Action, sie wollen eine Messe mit moderner Musik, mit Gitarrenbegleitung – leicht Konsumierbares. Doch das führt nicht zum Verinnerlichten, zum Mysterium, sondern davon weg.

Ich bin gegen U-Musik und Freibier in der Messe!

Auch bei der religiösen Erziehung in der Schule, bei der Einführung in die Glaubenswelt, sehe ich akuten Handlungsbedarf. Es ist der Trend zu erkennen, daß die Schüler möglichst mühelos und spielerisch in die Welt des Religiösen eingeführt werden. Es soll kein erarbeitetes Wissen im Religionsunterricht verlangt werden, sondern alles soll den Schülern mittels Action von selbst in den Schoß fallen. Die Religionsbücher in der Volksschule sind teilweise nach dieser Maxime gestaltet. Im Religionsbuch der ersten Klasse findet man kaum quantifizierbares theologisches Wissen, sondern bunte Blumen, Kinder, die Ringelreih tanzen und eine Caritasschwester, die sich um alte Leute bemüht. Wo bleibt das Wissen, warum wir uns an den Händen halten sollen? Ich versuche, im Unterricht grundlegende biblische Kenntnisse zu vermitteln. Das bleibt als Fundament, auch wenn die Jugendlichen nach der Firmung, auch im Zuge pubertärer Emanzipationsbestrebungen, nur sehr selten mit persönlichen Problemen zu mir als Seelsorger kommen.

Das Sakrament der Beichte ist überhaupt gestorben.

Wir haben hier zweimal im Jahr eine Bußfeier ohne Ablaß, zu Weihnachten und zu Ostern, da ist die Kirche voll, die Leute kommen früher, um einen Platz zu finden. Die Feier dauert eine Stunde – in der meist kalten Kirche. Daraus läßt sich schon ein Bewußtsein der Gläubigen für die menschliche Unzulänglichkeit ablesen und eine Sensibilität dafür, daß man sich ein bißchen mit Gott über die Sünde auseinandersetzen sollte. Aber die Praxis des Sakraments der Beichte ist vor zirka zwanzig Jahren, von einem Jahr zum anderen, plötzlich abgerissen. Eine Ausnahme bilden Brautleute; die akzeptieren das, wenn ich ihnen sage, sie sollen vor dem neuen Lebensabschnitt beichten. Es ist das eine paradoxe Zeiterscheinung, daß die öffentliche Beichte so in ist wie nie. Wer auf sich hält, muß sich outen, privateste und intimste Details werden der Zeitung, dem Fernsehen gebeichtet. Die Kirche ist vielleicht selbst schuld, daß heute in der Großstadt beim Psychoanalytiker, beim Therapeuten gebeichtet wird, aber nicht beim Priester. Das Sakrament der Beichte war zu stark schematisiert und banalisiert, und als man dann zum Aussprachezimmer überging, war es zu spät.

Auch zu diesem wichtigen Thema ist im *Dialog für Österreich* nichts zu erfahren. Es werden Symptome behandelt, nicht die Ursachen. Man macht die Reform der Kirche davon abhängig, ob die jetzt postulierten, sekundären Themen vom Vatikan so gelöst werden, wie sich das gewisse Leute vorstellen. Das alleine macht aber nicht die Reform der Kirche! Eine Ursachenbekämpfung wäre es, würde man das Mysterium des Lebens, des Glaubens und der öffentlichen Kultausübung wieder in den Vordergrund stellen. Die Menschen müssen begreifen, ihr ganzes Leben ist ein Weg in das Mysterium. Auch der Alterungsprozeß gehört dazu. Wer jung ist, braucht keine Kosmetik, wer über vierzig, fünfzig ist, kann sein Alter nicht verschleiern.

Solche Versuche sind völlig sinnlos, kosten nur Geld und verstellen den Blick auf die Realität. Auch das Altern hat einen Sinn, der liebe Gott wird das nicht so zum Spaß machen. Wir müssen lernen, uns mit Mysterien auseinanderzusetzen, sie zu respektieren. Wenn das gelänge, wäre alles gewonnen. Wer halbwegs realistisch ist, kann sich an den Fingern einer Hand abzählen, daß der Zölibat des Priesters für neunzig Prozent der Gläubigen nicht das Problem sein kann – die müssen ihn ja nicht halten.

Es wird zwar weder im Kirchenvolksbegehren noch im *Dialog für Österreich* laut gesagt, aber vieles zielt darauf hin, das Priesteramt an sich weitgehend zu demontieren. Man sagt: Alles was ein Priester kann, kann der Laie auch, manches sogar besser. Es geht aber nicht darum, daß der Priester da ist, weil er etwas besser kann, sondern weil er eine Legitimation aus dem Jenseits hat. Das wird aber nicht gesehen, man fordert vielmehr eine Demokratisierung des Amtsverständnisses. Die evangelische Kirche hat dieses demokratische Amtsverständnis verwirklicht, das unterscheidet sie grundlegend von der katholischen Kirche – aber in der Praxis schaut es nicht anders aus. In der evangelischen Gemeinde in Gmünd war beispielsweise der Pfarrer lange krank; ein Gemeindemitglied wollte den Gottesdienst mit Gebet und Schriftlesung gestalten, das ist verboten worden. Das darf nur der Pfarrer, bei uns darf das jeder Laie, obwohl der evangelische Pfarrer in der Theorie ein demokratisches Amt innehat, er wird mehr oder weniger von der Gemeinde ernannt, eine Priesterweihe gibt es nicht.

Ich glaube, die katholische Kirche soll sich nicht anpassen, sondern gegen den Strom schwimmen. Gespalten ist nur die Kirche der Funktionäre, nicht die lebende Kirche in den Gemeinden. Die Kirche muß gegen den postmodernistischen Wahrheitsbegriff auftreten, der die Wahrheit immer dort ortet, wo sie gerade am leichtesten zugänglich ist. Das, was das Glaubensbekenntnis sagt, diese wunderbare kurze Formel, das ist es. Gegen die sogenannte Auswahlreligion, daß ich mir von überall etwas hole, dagegen kann man nicht viel machen. Aber man braucht auch nicht viel dagegen zu tun, denn das Herauspicken befriedigt den Menschen nicht. Das selbst Zusammengezimmerte ist nicht das wirklich Echte und Wahre, das aus einer anderen Welt kommt, denn das sucht er ja – vielleicht ohne es zu wissen. Wenn wir uns den Gottesbegriff selbst basteln, ist es kein Gott mehr.

Das war übrigens ein Grund, warum ich Priester werden wollte: Zeugnis geben für das, was Jesus gesagt hat. Davon war ich nämlich tief überzeugt, obwohl ich in einer Familie gelebt habe, in der das oft in Frage gestellt wurde. Bei mir zu Hause wurde nie gemeinsam gebetet, sondern über die Kirche gelästert. Als ich sagte, daß ich Priester werde, entgegneten meine Eltern: Was? Wir haben gedacht, du wirst etwas Gescheites. Natürlich hat sich mein persönlicher Glaube im Laufe der Zeit geändert; der Glaube wird zur Aufgabe, was auch mühevoll ist. Man zweifelt, ob man den richtigen Weg geht. Doch wenn ich mich frage, wie wäre es anders? Könnte ich mir vorstellen, nicht an Gott zu glauben, diesen Beruf aufzugeben, als Atheist zu leben? Das ist mir trotz aller Zweifel unvorstellbar.

Mein Weg als Künstler tangiert einen anderen, eigenen Bereich. Ganz getrennt ist er freilich nicht, ich könnte nicht komponieren oder mich von Literatur inspirieren lassen, die gegen meine Glaubensüberzeugung ist. Rilke beispielsweise, der den Tod im Gedicht als definitives Ende verherrlicht, empfinde ich als ästhetisch anspruchsvolle, aber heidnische Kunst, die mich überhaupt nicht anspricht. Gedichte von Christine Lavant hingegen, mit ihrer Tragik, der ein masochistischer Zug immanent ist, haben mich zu Kompositionen inspiriert. Die Kunst ist für mich ein eigener Weg neben dem Glauben, aber die Wege dürfen sich nicht auf eine Weise kreuzen, daß sie einander in Frage stellen. Das sage ich auch den Künstlern, mit denen ich spreche, daß ihr Werk nicht nur nicht im Widerspruch zur Kirche steht, sondern daß es ein gemeinsamer Weg zum selben Ziel ist. Ich trete an Künstler heran, besuche Vernissagen, Konzerte, stelle Kontakte her und kläre Mißverständnisse auf, da die Kirche ja im neunzehnten und auch noch in unserem Jahrhundert ein ziemlich repressives Kunstverständnis hatte. Das Vorurteil, daß für die Kirche nur das Kunst sei, was sie als Kunst anerkennt, gibt es noch. Das möchte ich abbauen. Neunundneunzig komma neun Prozent der Künstler reagieren positiv, ich habe noch keinen Atheisten unter ihnen kennengelernt.

Beim Orgien-Mysterienspiel von Hermann Nitsch war ich nicht, das liegt Gott sei Dank außerhalb unserer Diözese. Wenn ich zuständig gewesen wäre, hätte ich meine Bedenken angemeldet, weil das banal ist, und ich mit diesem Kunstbegriff nicht mitkann. Die Schlachtung eines Tieres als Selbstzweck zu inszenieren und dann zu sagen, es sei Ekstase, wenn die Eingeweide des Tieres bluten und dampfen, das ist banal und kein Mysterium. Unter einer Ekstase stelle ich mir etwas anderes vor.

Die Autonomie der Kunst gibt es, aber sie besagt nicht, daß die Kunst nicht ihre eigenen Gesetzmäßigkeiten hat, an die sie sich auch zu halten hat. Palladio antwortete vor vierhundert Jahren auf die Frage, warum seine Architektur schön sei: Schönheit ist die Harmonie der Teile mit dem Ganzen. Damit brachte er ein der Kunst immanentes Gesetz zum Ausdruck, das wie ein Naturgesetz wirkt und über das sich auch der Künstler nicht hinwegsetzen kann. Willkür heißt nicht Freiheit. In der Kunst gibt es, wie in der Kirche, keine Demokratie!

GERTRAUD KNOLL

Glaube und politisches Engagement sind für mich untrennbar verbunden

Die Familie, aus der ich stamme, war weder besonders fromm noch sehr kirchlich orientiert. Aber der Kontakt zur evangelischen Gemeinde wurde gepflegt. Meine Geschwister und ich gingen regelmäßig in die Kindergottesdienste. Ich habe eine fünf Jahre ältere Schwester und einen viereinhalb Jahre jüngeren Bruder. Bei uns zu Hause wurde auch gemeinsam gebetet. Wir waren in der evangelischen Jungschar aktiv, ich erinnere mich, daß wir bei Krippenspielen mitgewirkt haben. Ich würde aber nicht sagen, daß dieser Bezug zur Kirche unser Familienleben nachhaltig geprägt hat.

Meine Entscheidung für das Theologiestudium kam erst sehr spät. Mein Jugendwunsch war, Schauspielerin zu werden. Als sich aber während der Gymnasialzeit herausstellte, daß ich Texte zwar gut präsentieren und wiedergeben, daß ich sie aber nicht Wort für Wort auswendig lernen konnte, mußte ich mir etwas anderes überlegen. Ich erwog verschiedenes, eine Zeitlang wollte ich Mittelschullehrerin für Latein, Mathematik und Physik werden.

Zur Theologie kam ich aus einer negativen Erfahrung mit Kirche. Ich war damals sechzehn, siebzehn Jahre alt und fand das kirchliche Leben in der oberösterreichischen Pfarrgemeinde sehr eng, fundamentalisch und evangelikal. Ich überlegte, Theologie zu studieren, um in Dingen des Glaubens nicht nur aus dem Bauch heraus mitzureden.

Ich wollte stichhaltig argumentieren, meinen Kinderglauben vom barmherzigen, den Menschen zugewandten Gott wissenschaftlich fundiert finden und in der Folge mit Menschen darüber kommunizieren. Protesthaltung war das damals keine. Aber mich störte, daß ich mich bei Auseinandersetzungen mit dieser engstirnigen Menschlichkeit, in der ich sehr viel Unmenschliches sah, immer minderwertig fühlte. Für meine Diskussionspartner war ich damals moralisch minderwertig, das wollte ich ändern. Ich fühlte mich nämlich im Recht, ein Mensch sein zu dürfen, der eine Familie hat, in der nicht alles geradlinig verläuft, sondern wo es auch Schuld und Versagen gibt.

Das Theologiestudium war ein Aufbruch in ganz neue Welten. Während des Studiums kam ich von Semester zu Semester mehr zur Gewißheit, daß ich Pfarrerin werden möchte. Ich wollte diese einzigartige, unverwechselbare Botschaft von einem menschenfreundlichen Gott in der Gegenwart mit Menschen leben. Ein Gleichnis, das mich schon als Kind stark angesprochen hat, ist das vom guten Hirten. Der gute Hirte verläßt die Herde der gehorsamen Schafe, um das eine, ungehorsame, das seiner Hilfe bedarf, wiederzufinden. Durch das Studium konnte ich viele theologische Inhalte, die ich vorher nur emotional gespürt hatte, auf eine intellektuelle Ebene transponieren.

Theologie ist Rede von Gott und muß in einer ganz bestimmten Weise verantwortet werden. Das ist der Unterschied zur bloßen Frömmigkeit. Theologie hat verantwortete Rede von Gott zu sein. Für den evangelischen Christen ist die Basis die Bibel, mit der man verantwortlich umgehen muß. Man darf nicht Zitat gegen Zitat ins Treffen führen, als wäre die Bibel ein vom Himmel gefallenes Buch mit zeitloser Gültigkeit. Die Bibel ist vielmehr eine gewachsene Bibliothek, die auch Spiegel ihrer Zeit ist. Wir müssen in der Bibel zwischen Texten unterscheiden, die jederzeit verbindlich sind, und solchen, die historisch Zeugnis geben, wie es war. Das heißt nicht, daß es, wie es damals war, gut war, daß es immer so sein muß. Die Bibel ist in einem sehr patriarchalen Kulturkreis entstanden, trotzdem finden wir in ihr radikalste Ansprüche an die Gleichwertigkeit der Geschlechter. Paulus sagt, in Christus Jesus gibt es nicht mehr Jude oder Grieche, Freier oder Sklave, Mann oder Frau, sondern allesamt sind eins, durch Gottes Liebe befreite Menschen. Dafür gilt es in jeder Zeit Strukturen zu suchen, wenn man es mit dem Glauben ernst meint.

Die Tatsache, daß es eine weibliche Theologie, eine Frauentheologie, gibt, gehört für mich zu den selbstverständlichen Dingen. Ich suche nicht in der Bibel nach Stellen, die Frauen besonders würdigen, aber ich lese die Bibel mit den Augen und dem Herzen einer Frau. Daraus ergibt sich ein anderer Blickwinkel als der männliche. Diese radikale Anforderung des Glaubens an die Gleichwertigkeit von Mann und Frau gilt es einzufordern. Man kann sich nicht darauf ausreden, daß sich gesellschaftlich nichts verändert hat, weil auch Kirchen immer wieder versagt haben und ihrem althergebrachten Weltbild verhaftet blieben. Die völlig unzulässige Argumentation, daß der biologische Unterschied zwischen Mann und Frau auch eine Ungleichbehandlung der Geschlechter innerhalb der Kirche rechtfertige, wurde immer wieder vorgebracht. Aber Strukturen der Gewalt, der Ausbeutung und Unterdrückung können aus ihrer Tradition keine Legitimation beziehen, auch nicht, wenn diese Strukturen den kirchlichen Sanktus haben. Ich muß immer wieder bei der Stunde Null beginnen und nachlesen, was geschrieben steht. Das A und O des Glaubens ist, die Botschaft heute zu hören und umzusetzen. Ich denke, daß die evangelische Kirche in diesem Punkt von ganz anderen Voraussetzungen ausgeht als die katholische. Der Ausgangspunkt der Reformation, das zentrale Wiederentdecken des Evangeliums als Frohbotschaft, hat ja Unrechtsstrukturen und Machtverhältnisse sichtbar gemacht. Dazu gehörte auch die Tatsache, daß Männern innerhalb dieser Kirche ganz andere Kompetenzen zugedacht waren als Frauen. Es geht darum, daß in jedem Menschen verschiedene Fähigkeiten und Talente schlummern, diese sind nicht nach Schema geschlechtsspezifisch aufgeteilt. Diese Befähigungen müssen zum Segen der anderen auch gelebt werden dürfen. Ich kann meinen Glauben nicht als apolitisches Wesen leben. Mein Glaube an den menschenfreundlichen Gott, der Leben ermöglichen will, trägt mir auf, jetzt und hier für die Schwachen einzutreten. Ich kann mich nicht darauf zurückziehen, daß die Armen immer arm, die Reichen immer reich, daß Frauen immer unterdrückt waren.

Glaube und politisches Engagement sind für mich untrennbar verbunden. Ich sehe keine Unvereinbarkeit zwischen den Ansprüchen der christlichen Religion und dem Machtanspruch der Politik. Wenn ich mich entscheide, ein Homo politicus, ein gestaltender Mensch zu sein, dann hat das immer mit Macht zu tun. Die Gefährdung, sich selbst als das Maß aller Dinge zu sehen, ist eine urmenschliche. Um diese Versuchung geht es auch im biblischen Sündenfall. Auf diese Gefahr muß man sich von anderen, denen man vertraut, hinweisen lassen. Wenn man dieses Machtdenken an sich selbst entdeckt, muß man es mit einer Portion Humor und Ironie zur Kenntnis nehmen und schnell einen neuen Anfang suchen. Daß Politik deshalb brutal ist, weil einer den anderen unbedingt überzeugen will, merke ich nicht. Mir fehlen in der Politik die Inhalte, es geht doch in erster Linie um Showelemente. Macht wird zuwenig als gestaltende Möglichkeit und geschuldete Verantwortung verstanden, sondern nur als Mittel zum persönlichen Vorteil. Der in der Bibel geforderte Gewaltverzicht ist kein Aufruf zur Blödheit. Gewalt hat verschiedene Gesichter, nicht nur das militärische. Auch der Umgang mit Flüchtlingen und Armen hat etwas mit Gewalt zu tun.

Meine Kandidatur für das österreichische Bundespräsidentenamt war eine unglaubliche Erfahrung. Ich bin in kurzer Zeit, ohne Vorbereitung und Schulung, in die Öffentlichkeit und durch die Medien gezerrt worden. Es hängt wahrscheinlich mit meinem Glauben zusammen, daß ich von Anfang an wußte, es kann mir nichts passieren, es kann mich niemand zerstören. Ich weiß mich immer von Gott geliebt. Natürlich sind mir Unverschämtheiten widerfahren, mit denen ich nicht gerechnet habe. Ich habe in meinem Wahlkampf versucht, sachlich und oft beinhart zu argumentieren, aber den Menschen auf der Gegenseite nicht persönlich herabzuwürdigen. Ich hoffe, daß man das bemerkt hat. Es ist eine enorme Kraftanstrengung, ununterbrochen vermarktet zu werden und keine Sekunde des Tages für sich selbst zu haben. Unter solchen Konditionen ein Mensch zu sein, ist etwas ganz anderes als im alltäglichen Lebensbereich.

Ob der Weg in die Politik derjenige ist, den Gott für mich vorgesehen hat, wage ich nicht zu behaupten, das ist mir zu hochtrabend. Der Glaube ist die große Gewißheit, daß Gott mit mir den Weg geht, den ich mir wähle. Ob es wirklich der ist, den er mir vorbereitet hat, diese Selbstsicherheit, das zu behaupten, fände ich vermessen. Es kann sich ein Weg als falsch erweisen, und ich kann nicht sagen, der Herr hat mich dorthin geschickt. Was man innere Berufung nennt, ist das Bewußtsein, es wird auf meine Antwort gewartet. Ich muß, so gut ich es kann, einen Beitrag leisten, daß das, was man Liebe Gottes nennt, in den menschlichen Strukturen der Welt spürbar wird. Das kann man auf politischer Ebene versuchen, man kann es aber auch in der Kirche, in Basisgruppen tun. Die Themen, die mich als Politikerin beschäftigt haben, haben mich vorher genauso wie jetzt beschäftigt, das war nur eine andere Plattform. Aber meine Erfahrungen in der Politik haben an meinem Glauben nichts verändert. Daß es Momente des Zweifels gibt, ist für mich systemimmanent, das sind keine negativen Erfahrungen. Zweifel gehört genauso zum Glauben wie Gewißheit. Die Zweifel treiben mich in immer neue Gefilde. Nicht, daß ich mich über Phasen des Zweifels freue, aber ich bin dagegen, alles immer krampfhaft positiv zu sehen. Momente des Zitterns und Nichtwissens sind für mich elementare Lebensimpulse. Welches Amt ich auch innehabe, es geht mir darum, genau für die einzutreten, die es am dringendsten notwendig haben, für die an den Rand Gedrängten. Das sind die spirituellen Fragen, denen ich mich stellen muß, wenn ich es mit dem Glauben ernst meine.

Ich muß Bekenntnis ablegen: das verstehe ich unter der Nachfolge Jesu. Er sagt, ihr seid das Salz der Erde, und Salz muß auch würzen. Das geforderte Engagement wird nicht immer denselben Gruppen gelten, wir müssen aufmerksam sein, wenn Menschen Hilfe brauchen. Das können Frauen sein, die mit einer ungewollten Schwangerschaft konfrontiert sind. Die Abtreibungspille hat meine Position zur Frage der Abtreibung nicht verändert. Ich habe immer ein klares Ja zur Fristenlösung vertreten, jetzt geht es um eine risikoärmere Methode. Das Thema Abtreibung kann man nie in Schwarzweißmalerei, losgelöst von einer ethischen Verantwortung, behandeln. Ich bin gegen die Abtreibung, aber für die Fristenlösung. Diese Widersprüchlichkeit ist auszuhalten. Es gibt keine Abtreibung, die losgelöst vom Thema Schuld zu sehen ist, es geht um Eingriffe zwischen Leben und Tod, da muß ich mich immer fragen, wie weit ich gehen darf. Aber es gibt Situationen, in denen die Entscheidung einer Frau für eine Abtreibung absolut mitzutragen und zu verstehen ist. Sehr traurig bin ich, wenn militante Abtreibungsgegner, die behaupten, für das Leben zu sein, im gleichen Atemzug die Frau, die keine andere Lösung sieht, aufs böseste verurteilen und sie als Mörderin bezeichnen. Abtreibung als Möglichkeit des geringeren Übels muß erlaubt sein, damit Frauen nicht prinzipiell auf der Strecke bleiben.

Ich möchte mich aber hüten, mich im rein Sozialen, in einem weltverbesserischen Humanitätsverständnis zu verlieren. Spiritualität ist mehr, sie kommt von innen, aus dem Glauben, aus dem Vertrauen in einen Gott, dem nichts wichtiger ist, als daß diese säkulare Welt als etwas Heiliges begriffen wird, in dem Leben passiert. Mein Lebensweg muß von innen nach außen gehen, dorthin, wo ich immer wieder Aufgaben entdecke, wo mein Engagement erwartet wird, wo ich das Heilige auch in der Dunkelheit erspürbar machen kann.

Keine Religion fordert so radikal das Engagement des einzelnen wie die christliche. Ich kann als Christ nicht in den Himmel schauen und fromm sein wollen und zugleich die Erde vergessen. Die Kirche darf sich nicht um ihre eigene Achse drehen.

Mir geht es nicht um Wahrheits- oder Absolutheitsansprüche des Christentums. Es ist für mich unerheblich, ob das, was für den Menschen und die Schöpfung gut und lebenserhaltend ist, von christlicher Seite kommt. Wir müssen in der Bewahrung der Schöpfung, in der Friedens- und Gerechtigkeitsarbeit auch mit Menschen zusammenarbeiten, die keine Christen sind.

Die Tatsache, daß in Großstädten der Anteil der Christen prozentuell abnimmt und dafür zum Beispiel die Zahl derer, die sich zum Islam bekennen, zunimmt, beunruhigt mich nicht. Wer das aus einer Position der Angst heraus sieht, der will, in der Illusion, sich dadurch schützen zu können, Mauern errichten. Wir wissen aus unserem eigenen Lebensbereich: je höhere Barrieren wir errichten, desto höher wachsen die Probleme innerhalb der Mauern.

Die Ökumene, auch zwischen christlichen und anderen Religionen, macht Fortschritte, aber das spielt sich auf einer theoretischen Ebene ab. An der Basis ergibt sich zwischen den Verschiedengläubigen eine andere Wahrnehmung. Die Kirche muß trachten, Beziehungen zu denen draußen zu pflegen, und diese sollen das Leben innerhalb der Kirche als attraktives Angebot empfinden. Es nimmt ja nicht das religiöse Bedürfnis allgemein ab, ganz im Gegenteil, die Lust, einer Institution anzugehören, die nimmt ab. Die Leute haben Scheu vor verwalteter Religion. Die Herausforderung lautet, das, was die Kirche predigt und tut, auch so attraktiv und schön zu vermitteln, daß es anziehend wirkt. Mit denen draußen meine ich Andersgläubige, aber auch sogenannte Agnostiker oder Atheisten, wobei ich sehr selten auf wirkliche Atheisten gestoßen bin. Das sind meist die, die besonders intensiv nach Gott suchen. Ich weigere mich, das Nebeneinander verschiedener Religionen als marktwirtschaftliche Wettbewerbssituation zu sehen. Der Mensch ist nicht nur Konsument, und man kann ihn in Sachen Religion nicht einfach fragen: Welches Produkt ist Ihnen lieber, meines oder das des Konkurrenten?

Für den christlichen Glauben sehe ich die große Schwierigkeit darin, daß wir uns nicht marktwirtschaftlich verkaufen dürfen, sondern wir müssen gegen den Strom schwimmen, zum Beispiel beim Asylrecht. Wir müssen dafür eintreten, daß das Asylrecht in einer Art und Weise wahrgenommen wird, daß das Individualrecht auf Asyl geschützt ist, und daß nicht per Verordnung festgelegt wird, welche Drittländer als sicher gelten. Die Kirche kann in der Asylfrage nicht dieselben Ziele verfolgen wie die Parteipolitik mit dem ihr immanenten Sicherheitsbegriff, der aus christlicher Sicht sehr fragwürdig ist.

Natürlich sollen wir unsere Identität herausstreichen und an konkreten Beispielen sichtbar machen, worin sich die katholische und die evangelische Religion unterscheiden. In der katholischen Kirche hat die Tradition einen viel höheren Stellenwert als bei uns, die wir einzig auf die Heilige Schrift als Grundfeste zurückgehen. Alle Forderungen, die innerhalb der katholischen Kirche jetzt erhoben werden, sind in der evangelischen verwirklicht. Die evangelische Kirche ist demokratisch organisiert. In der römisch-katholischen Kirche sehe ich zur Zeit nicht einmal einen Ansatz dafür, daß zum Beispiel Frauen Priesterinnen sein können. Ich gehe davon aus, daß eine Kirche, die die Frauenfrage nicht gerecht beantwortet und die nicht diakonisch ist, das heißt, die nicht im caritativen Bereich neue Allianzen auf gesellschaftspolitischer Ebene sucht, keine Zukunft haben kann. Die Kirche an der Schwelle zum neuen Jahrtausend muß geschwisterlich werden, und das ist ein Lernprozeß.

Es hat sich erwiesen, daß eine Ökumene, die nur auf Konsens hofft, Schiffbruch erleidet. Es ist bitter notwendig, daß wir lernen, uns in unserer Verschiedenheit wahrzunehmen. Wir müssen uns gegenseitig erklären, wodurch die Verschiedenheiten entstanden sind. Das Sich-Kennenlernen ist ein wichtiger Prozeß. Man kann ohne Konfliktbereinigung zu keinem Konsens kommen. Aber man kann nicht nur Versöhnung als schönes Wort predigen und gleichzeitig zu verhindern versuchen, daß das Trennende aufscheint. Eucharistie, einen Neubeginn, kann es nicht geben, ohne daß Schuld beim Namen genannt wird. Ich bin aber zuversichtlich für die Ökumene, weil die Einsicht auch ein Werk des Geistes ist, und der Geist wirkt sehr oft auch dort, wo Menschen schlafen. Die Probleme des nächsten Jahrtausends können wir nur gemeinsam lösen.

Die Turbulenzen innerhalb der katholischen Kirche machen mich deshalb betroffen, weil das Bild von Kirche generell darunter leidet. Statistisch ist nicht nachweisbar, daß unzufriedene Katholiken zu den Protestanten überlaufen. Ich würde mir wünschen, daß jemand aus Überzeugung evangelisch wird, nicht aus Unzufriedenheit mit der katholischen Kirche. Interessanterweise ist zur Zeit eine Religiosität auf dem Markt, und ich verwende bewußt diesen Ausdruck, die verantwortliche Mitbestimmung nicht sehr hoch schätzt. Eher erleben wir bei den Menschen eine religiöse Haltung, die sich auf das eigene egoistische Glücksgefühl hin orientiert. Man darf das nicht negativ auslegen, denn viele empfinden sich als Getriebene und suchen daher Orte der Besinnung und Stille. Der Weg *nur* ins Innere ist aber ein anderer als der christlich-spirituelle, der von innen nach außen zu den anderen führt. Ich würde mir natürlich wünschen, daß sich mehr Menschen zu dieser mündigen Verantwortung berufen fühlen, aber es ist nicht einfach, Freiheit in der Zeit zu leben.

In der Erziehung meiner eigenen Kinder biete ich keine religiösen Modelle an, das wäre reine Ideologie. Ich kann meinen Kindern nur anbieten, mit mir in einer Beziehung zu leben. So erleben sie, wofür mein Herz schlägt, meine Wertigkeiten et cetera. Würde sich nun eines meiner Kinder für den Buddhismus entscheiden, würde mich das erschüttern, und ich würde mich fragen, was ich falsch gemacht habe. Ich schätze zwar vieles am Buddhismus, aber bei Religion geht es für mich nicht um einen geistigen Weg der Verinnerlichung, sondern um die elementare Gottesbeziehung: Ich, Getraud Knoll, bin als Mensch unverwechselbar, ich bin von meinem Gott angesprochen, und er möchte von mir eine Antwort. Diese persönliche Gottesbeziehung ist die wichtigste Beziehung in meinem Leben. Wenn meine Kinder das nicht mitbekommen, wäre das schlimm.

In unserer Familie gibt es den zentralen Leitspruch: Amor ergo sum – weil ich geliebt bin, darum lebe ich. Dieser Satz, der wichtigste, steht sowohl über unseren Ehebetten als auch auf den Geburtsanzeigen der Kinder. Dum spiro spero – solange ich atme, habe ich Hoffnung – bedeutet etwas ganz anderes, da klingt mit, daß die Hoffnung etwas ganz Automatisches wäre, das immer wiederkehrt. Wenn ich aber nicht im Bewußtsein des Geliebtseins wachsen darf, wird mir die Hoffnung immer wieder ausgehen.

KURT KRENN

Der Liberalismus ist das politische Übel unserer Zeit

Mein Vater war ein ideal gesinnter, gläubiger, aber kein kirchlicher Mensch. Er war von den Ideen der damaligen Zeit, insbesondere vom Nationalismus, sehr beeindruckt. Das prägte zunächst auch die Stimmung im Elternhaus. 1944 ist mein Vater als Soldat in Frankreich gefallen, von diesem Zeitpunkt an hatte in unserer Familie die Mutter das Sagen. Wir waren sechs Kinder, fünf davon leben heute noch. Meine Mutter ist erst kürzlich mit 92 Jahren gestorben. Sie war eine sehr gläubige und kirchlich gesinnte Frau und eine wunderbare Mutter, die uns Kinder alleine erziehen mußte. Durch sie und durch gute Religionslehrer habe ich den lieben Gott kennengelernt.

Nach 1945 mußten wir die Dienstwohnung meines Vaters in Rannariedl (Oberösterreich) verlassen, wir zogen in sein Elternhaus nach Oberkappl. Das war größer als Rannariedl, wo die Schule in einem Schloß untergebracht war und rundherum nur drei Häuser standen. Ich habe in Oberkappl ministriert und in der Pfarre mitgearbeitet, das lief damals nicht so betulich ab wie heute, es war eine ganz normale Mitarbeit. Für unsere Mutter war es nicht leicht, einen Platz am Gymnasium für meine beiden Brüder und mich zu finden, wir waren immer zu dritt. Die Russen waren in dieser Gegend Besatzungsmacht. Meiner Mutter gelang es dann, uns in der Schule des Klosters Schlierbach unterzubringen. Dort gab es die besten Lehrer, viele waren als Vertriebene gekommen, aber auch die Patres dort waren sehr gute Lehrer. 1954 habe ich am Gymnasium Schlierbach maturiert. Danach sagte ich: Ich werde Priester. Es gab kein Bekehrungserlebnis, gar nichts. Es war eine ganz normale Art, da hineinzuwachsen. Es gab viele in der Schule, die immer wieder ankündigten: Ich werde Priester, und nach der Matura wollten sie nicht mehr, oder sie fanden wieder etwas anderes interessant. Ich habe nichts gesagt und habe es gemacht. Ich bin nicht in das Kloster eingetreten, wo man mich wahrscheinlich gerne gesehen hätte, sondern ich ging ins Priesterseminar, wo ich niemanden kannte. Nachdem ich ein Jahr in Linz im Priesterseminar gewesen war, schickte mich der Bischof zum Studium nach Rom, dort blieb ich zehn Jahre. Ich studierte Philosophie, Theologie, Kirchenrecht. 1962, kurz vor dem Zweiten Vatikanum, wurde ich zum Priester geweiht. Ich bin ein vorkonziliarer Priester, wie man das heute nennt. Ich hatte das Glück, das Zweite Vatikanische Konzil von Anfang bis Ende in Rom mitzuerleben. Oft besorgte ich mir eine Karte, um die Sitzungen in St. Peter mitzuverfolgen. Ich überlegte, soll ich jetzt in die Vorlesung gehen oder zum Konzil, und ich beschloß, Vorlesungen gibt es immer, das Konzil nur jetzt! Oft saß ich statt der Vorlesung beim Konzil und gewann einen persönlichen Eindruck. 1965 waren das Zweite Vatikanum und meine römische Zeit zu Ende.

Von der Humboldtstiftung hatte ich ein Stipendium nach Tübingen, dort studierte ich ein Jahr lang Philosophie und Theologie. Von Tübingen ging ich nach München, wo ich als Assistent bei Professor Keilbach arbeitete. 1970 kam ich dann als Professor nach Linz. 1975 erhielt ich den Ruf an die theologische Fakultät Regensburg, wo ich zwölf Jahre lang blieb. Aus dieser Zeit stammt meine Bekanntschaft mit Kardinal Ratzinger, der auch in Regensburg lehrte. Dann schickte man mich als Weihbischof nach Wien, und seit 1991 bin ich in St. Pölten.

Alles, was ich hier mache, sehe ich als Seelsorge, auch Auskünfte und Gespräche wie unseres hier. Seelsorge ist nicht nur Exerzitienvorträge oder Sakramentenspende, alles zusammen ist Seelsorge. Der Bischof hat eine spezifische Aufgabe, und wehe mir, wenn ich nicht alles, was ich tue, ob jemanden besuchen, reden oder Liturgie feiern, als Seelsorger mache. Ein Bischof kann freilich nicht agieren wie ein Pfarrer, er muß vieles machen, was nicht zu den Aufgaben des Pfarrers gehört und umgekehrt. Die Aufgaben sind nicht identisch, aber sie gehören zusammen.

Die theologische Grundfrage heute lautet: Kann der Mensch sich selbst erlösen? Ich sage, nein, er kann sich nicht selbst erlösen. Er muß leben, reagieren und sich verantworten in dem Bewußtsein, daß ihm etwas geschenkt wird. Was ihm geschenkt wird, ist das Leben, das er hat, das kein anderer besitzt, sondern nur er, das sind seine persönliche Berufung und seine Talente. Alles, was uns geschenkt wird, nennen wir Gnade. Sich selbst erlösen zu wollen, das ist die Grundversuchung des Menschen, früher genauso wie heute. Wer sich selbst erlösen will, ist auf dem falschen Weg, auf dem Weg der Sünde, denn das ist Auflehnung gegen Gott, der uns beschenken will –, während wir meinen, alles käme aus uns selbst. Alles, was geglückt und glücklich sein soll, muß sich Gott verdanken. Der Mensch darf nicht glauben, er verdanke sich sich selbst. Weil die Menschen die Wirklichkeit nicht erkennen, halten sie alles, was sie sehen, für ihr Produkt, für ihre Leistung. Wer auch nur ein bißchen dankbar ist, begreift das Wort der Schrift: Was hast du, was dir nicht geschenkt wurde?

Die Frage nach christlichen Werten kann man nicht loslösen von der Erlösung. Erlösung heißt, uns wird etwas geschenkt oder wieder geschenkt, wenn wir das, was wir erhalten haben, verloren, verschleudert oder nicht richtig verwaltet haben. Das ist die Vergebung der Sünde, die

Gnade. Dort erst sind die Werte auszumachen. Die sogenannten autonomen Werte, die wir aus unserem Menschsein deduzieren, sind keine christlichen Werte. Durch Christus kann alles zu einer Gnade werden. Ich rede gerne von Werten und Normen, aber ich meine damit immer auch Gnade. Wir sind keine selbstbestimmenden Wesen, es ist alles geschenkt, was uns bereichert und letztlich auch erlöst. Es wird immer wieder gefragt, ob das, was wir jetzt erleben, eine Kirchen-, Glaubens- oder Gotteskrise ist. Ich glaube, daß es eine Gotteskrise ist, weil die Gottesfrage nicht mehr gestellt wird. Gott wird in Entscheidungen nicht einbezogen, man sagt: Ich weiß ohnehin alles, ich kann mir alles selbst richten, ich kann alles korrigieren, ich kann alles beobachten und prognostizieren. Alle Verfahrensweisen des heutigen Wissens sind im Grunde der Versuch, dem Menschen die Erinnerung an Gott zu nehmen.

Wenn die Menschen wüßten, daß Gott wirklich ist, würden sie auch seinen Willen lieber und leichter tun. Es fehlt am Bewußtsein: Gott ist wirklich. Viele reden von Gott, aber viele reden von ihm, ohne von seiner Wirklichkeit überzeugt zu sein. Man kann auch über Gott völlig ungläubig reden. Wenn Gott hingegen wirklich ist, dann wird der Mensch seine Gebote halten. Es wird ihm eher eine Freude als eine Last sein, den Willen dessen zu tun, der da so wirklich ist, der uns alles gibt, der uns schafft. Der Grund, warum das heute so wenige wissen, ist, daß die schnellen Antworten so einfach zu haben sind. Wir bekommen jeden Tag tausend Antworten aus den Medien, die im Grunde ja immer eine Konkurrenz zur göttlichen Wirklichkeit sind. Auch die Erziehung und Therapien geben Antworten, die oft grenzüberschreitend sind. Gegen Antworten ist im Prinzip nichts zu sagen, aber sie dürfen nicht ihre Kompetenzen überschreiten. Irgendwelche Institutionen können nicht Antworten an Gottes statt geben.

Aus diesem Punkt resultiert auch die Feindschaft zur Kirche. Wenn man die Kirche nicht mehr als Stiftung, als Werk Gottes sieht, dann fragt man: Was wollen die eigentlich, wozu brauchen wir die? Dann sagen die Volksbegehrer, in dieser Kirche bestimmen wir, was wir wollen, nicht Gott. Diese Autonomisierung und diese Selbstherrlichkeit sind eine klare Folge des geschilderten Tatbestandes.

Viele fürchten die Spaltung der Kirche, das ist eine soziologische Sicht. Ich fürchte vielmehr die Sünde, das Böse, das geschieht. Es könnten ja auch alle gemeinsam und geschlossen das Böse tun, dann gibt es keine Spaltung. Diese Meinung hört man heute oft: Wenn alle gemeinsam das Falsche tun, dann ist es richtig. Das ist ein Grundirrtum. Der Mensch wird nicht im Kollektiv, sondern als Person gefragt, ob er Gutes oder Böses tut. Vereinfacht gesagt meinen heute viele, wenn alle irren, haben alle recht. Davor ist die Demokratie nicht gefeit. Ein Beispiel dafür war erst kürzlich die Diskussion um die neue Abtreibungspille, diese neue Todespille. Ha, sagte man, wenn sie alle befürworten, dann ist es recht. Nein, es ist überhaupt nicht so. Auch wenn alle Menschen und alle Gesetzgeber meinten, das wäre in Ordnung und unbedenklich, ist es dennoch nicht so. Gegen Gottes Gesetz und gegen die absoluten Werte der Person, der menschlichen Würde und der Wahrheit kann man keine Mehrheiten auftreiben. Mehrheiten ändern nichts daran, ob etwas böse oder gut ist.

Die Frage, ob die katholische Kirche Mehrheitskirche bleibt oder zur Minderheitskirche wird, muß man differenziert betrachten. Es gibt Hunderte Länder, in denen die katholische Kirche in der Minderheit ist, in Japan oder in der Türkei – überall gibt es ja eine Kirche. Es können sich jederzeit in jedem Land drei, vier Leute finden und eine neue Kirche beginnen. Die Zahl ist nicht so entscheidend.

Ich bin für die sogenannte Volkskirche, die in meinem Land eine Mehrheit stellt. Da bei uns eine große Mehrheit katholisch ist, haben wir auch eine große Verpflichtung, nicht nur für die Menschen, sondern auch für den Lebensraum der Menschen, für die Staatsform, für die Gesetze und so weiter. Wir haben mehr Verantwortung. Wenn die behaupteten 51 Prozent Katholiken in Wien wirklich gläubig und eifrig wären und ihren Glauben lebten und bezeugten, dann wäre das ein Riesenerfolg. Das Problem ist, daß viele zugehörig sind, sich aber nicht sehr anstrengen. In dem Moment, wo wir uns mehr anstrengen, werden auch wieder mehr Menschen bei der Kirche bleiben und dazukommen. Man muß auch sagen, daß die zitierten 51Prozent Katholiken in Wien nicht typisch für Österreich sind. Ich komme aus einer Gegend in Oberösterreich, wo es fast 100 Prozent sind, aber auch Niederösterreich ist ein mehrheitlich katholisches Land.

Menschen, die austreten, weil sie in der Kirche etwas ärgert, verstehen nicht, warum sie in der Kirche sind. Die leben ja gegen ihren eigenen Sinn. Das ist ungefähr so, wie wenn jemand in der Familie Krach hat und sagt, jetzt trete ich aus meiner Familie aus. Man bleibt doch Kind dieser Familie, selbst wenn man nach Amerika davonläuft. Die Kirche läßt ja einen Austritt gar nicht zu. Es gilt der Satz: einmal katholisch, immer katholisch. Es gibt die Meinung, man könnte sich da irgendwie verabschieden, doch das ist eine recht komische Praxis. Interessanterweise treten die Menschen ja durch die Taufe in die Kirche ein, wenn sie austreten wollen, gehen sie aber nicht zur Kirche, sondern zur staatlichen Behörde. Das kommt mir vor, wie wenn ein Arbeitnehmer, dem es im Betrieb nicht mehr gefällt, kündigt, die Kündigung aber beim Konkurrenten abgibt. Die Kirchenaustritte sind auch aus dem Grund nicht so erheblich, da man ja weiß, daß es an gewissen Stellen Bemühungen gibt, die Leute aus der Kirche herauszutreiben oder ihnen einen Austritt nahezulegen. Das sind keine erfreulichen Erfahrungen.

Österreich ist noch nicht so religionsfreundlich, wie das immer behauptet wird. Es ist auch politisch vieles besser geworden, aber beileibe noch nicht alles. Daß man im Zusammenhang mit sinkenden Kirchenmitgliederzahlen das Konkordat und die Verbindung Kirche – Staat in Frage stellt, das wird immer wieder der Fall sein. Dafür haben wir als besondere Vorreiter die Liberalen. Der Liberalismus ist das politische Übel unserer Zeit. Den Liberalismus vertreten nicht nur die Parteigänger von Frau Heide Schmidt, sondern auch alle anderen Parteien. Der Punkt, worin alle Parteien heute schwach und morbide sind, das ist der Liberalismus, nicht Liberalität, sondern Liberalismus. Vieles was an Unlogischem passiert, resultiert aus diesem Liberalismus. Der Liberalismus ist eine atheistische Weltanschauung, in der es Gott als Wirklichkeit nicht geben kann. Wenn die österreichische Gesundheitsministerin meint, die Kirche solle sich beispielsweise aus der Debatte um die Zulassung der Abtreibungspille heraushalten, dann hat sie ein wenig mißverstanden, was die Kirche zu tun hat. Jedenfalls hat die Kirche dem Menschen und über den Menschen mehr zu sagen als eine Ministerin. Wir wollen uns da gar nicht gleichstellen, nein, wir haben dem Menschen viel mehr zu sagen. Wir haben viel mehr Kompetenz und Verantwortung in der Abtreibungsfrage, wo es um Leben und Tod geht, um Gut und Böse, um die Tötung eines unschuldigen Menschen. Da muß ich sagen, nein, Frau Ministerin, bitte kein Wort mehr.

Das Bewußtsein um Schuld und Sünde ist heute die große Mangelware. Selbst wenn von Schuld gesprochen wird, meint man nur Schuldgefühle. Man kann Schuldgefühle haben, die nichts mit wirklicher Schuld zu tun haben, aber es gibt umgekehrt auch Menschen, die schuldhaft handeln und kein schlechtes Gewissen haben. Die Schuldfrage wurde zu Schuldgefühlen reduziert und subjektiviert. Man holt sich einen Therapeuten, der einem die Schuld wegredet, oder man flüchtet sich in die Droge, und auf einmal sind die Schuldgefühle und mit ihnen scheinbar auch die Schuld weg.

Schuldgefühle und Schuld sind zwei grundverschiedene Dinge. Schuld und Sünde gibt es nicht mehr, das ist der große Verlust. Die Leute kennen nicht mehr den Unterschied zwischen Gut und Böse, zwischen dem Guten, das man tun, und dem Bösen, das man meiden soll. Doch diese Unterscheidung ist eine Grundfähigkeit des Menschen, die sein Gewissen, seine persönliche Würde tangiert. Man spricht ja nicht mehr in Kategorien von Gut und Böse, sondern es heißt: Das ist gewinnbringend oder politisch korrekt, das nützt mir, das ist gesund. Auch Gesundheit ist kein absoluter, sondern ein relativer Wert. Wenn es um Gut und Böse geht, ist Gesundheit nicht der höchste Wert. Aber die Menschen haben gelernt, nur fest Geldverdienen, Nutzen ziehen, Gewinn machen, und die Unterscheidung zwischen Gut und Böse wollen alle verdrängen. Dabei müßten wir dem Menschen nur eine Schau seiner Seele geben, damit er weiß, wer er ist, und vor allem kommt er dann wieder auf die Gottesfrage. Wer nicht an Gott glaubt, weiß eines Tages auch nicht mehr, was Sünde ist. Für die Aufgabe der Kirche, zu verkündigen, sind die Medien manchmal eine Erschwernis, manchmal eine Hilfe. Der Mensch muß seine eigene Berufung, sein eigenes Lebensgeheimnis erkennen und sich nicht irgendwo einordnen lassen. Wir müssen nicht nur erkennen, daß Gott existiert, sondern auch, daß er etwas von uns will und uns etwas sagt. Die beste Gotteswahrnehmung haben wir durch Christus. Christus ist der heiligste und vollkommenste Mensch. Das Christentum ist nicht nur eine Philosophie, nach der wir die Menschen bilden und nach der wir unterscheiden, wer gut und wer böse ist, sondern wir haben vor allem einen Menschen, dem alles gelungen ist – das ist Christus.

Das gilt auch für Maria, doch dazu müßte man noch einiges erklären. In Christus kann sich der Mensch seiner selbst bewußt werden. Das Zweite Vatikanische Konzil spricht einmal davon, daß in der Erlösung durch Christus Gott Vater der Menschheit das Menschsein voll kundtut. Das heißt: Nicht wir sind die Menschen und lassen Christus ein bißchen Mensch sein, sondern es ist umgekehrt. Christus, nicht irgendein Guru oder eine andere Botschaft, macht den Menschen das Menschsein voll kund. Das gehört zum Geheimnis des Glaubens. In der Esoterik kann ja nichts dumm genug sein, daß es nicht doch von einigen geglaubt wird. Wenn die Kirche von Engeln und Heiligen spricht, wird sie oft nicht ernstgenommen. Aber wir verehren sie. Wenn wir sie in Ehren halten, stehen wir immer noch besser da als die Esoteriker. Es ist oft unglaublich, welchen Blödsinn die Menschen glauben. Man muß mit ihnen aber auch Geduld haben. Ich rechne damit, daß jeder, der sich in solche Dinge vertieft, im Laufe seines Lebens auch wieder gescheiter wird. Ich vertrete nicht die Meinung, die Esoterik sei ein Umweg zu Gott, aber wenn jemand gescheit und gläubig ist, findet er einen Weg zu Gott. Man soll diese Menschen nicht in ihrem Irrtum, sondern in ihrem Heilsbedürfnis ernst nehmen. Wenn das Zweite Vatikanum vom Gewissen des Menschen spricht und diesem einen hohen Stellenwert einräumt, so meint es immer das gebildete Gewissen. Es ist nicht so, daß hier mein Gewissen steht und ihm gegenüber die Lehre. Das Gewissen sagt uns zunächst einmal: Gutes tun und Böses meiden. Doch was ist gut und was böse?

Das müssen wir lernen, aus den Geboten Gottes und aus der Lehre der Kirche.

Wenn sich jemand beispielsweise über das fünfte Gebot, du sollst nicht töten, hinwegsetzt und meint, er könne es mit seinem Gewissen vereinbaren, so ist dieses verbildete Gewissen nicht das, wovon das Konzil spricht. Es heißt dort, im Gewissen vernimmt der Mensch ein Gesetz in sich, nämlich daß er sich nicht selbst gibt. Das Gewissen verlangt Unterordnung, da ist nicht die große autonome Tour des eigenen Gewissens gemeint. Was die Kirche in der jetzigen Situation tun kann, ist lehren. Die Gottesfrage kann man immer wieder neu stellen, und wir werden in theologischen Fragen nie große Fortschritte machen. In der Bibel ist alles begründet, und es muß alles, was wir heute tun, immer noch damit übereinstimmen. Wir können jetzt nicht irgendwelche Normen zur Geltung bringen, die nicht schon immer waren. Wir sind dem Ursprung, der Vergangenheit auch in diesen Fragen verbunden. Natürlich ist es wünschenswert und gut, daß wir uns weiterentwickeln und Dinge besser durchschauen. Aber von der ersten Zeile der Bibel an, vom ersten Tag der Schöpfung an muß alles zusammenstimmen. Wir können nicht heute sagen, Gott ist nicht, und vor tausend Jahren war Gott, einen solchen Widerspruch gibt es nicht in der wahren Entwicklung des Glaubens.

Ich sehe die religiöse Erziehung, die die Basis für den späteren Glauben ist, nicht generell negativ. Es gibt noch genügend Familien mit substantiellem Glauben, in denen Kinder im Bewußtsein des Guten und Bösen und der Gottesfurcht erzogen werden. Es sind ja nicht alle in der Krise, dieses Wort gefällt uns nur heute zu gut. Es sind eine Mehrzahl von Familien, von Ehen nicht in der Krise. Die Statistiken in den Zeitungen stimmen ja nicht, man kann das nicht so rechnen und dann zum Ergebnis kommen, jede dritte Ehe wird geschieden. Obwohl natürlich jede gescheiterte Ehe zuviel ist. Man darf den Blick nicht nur in städtische Notstandsgebiete richten, wo alles drunter und drüber geht, es gibt auch noch ganz normale Menschen und Familien.

Ich setze ganz entscheidend auf die moralische Autorität und Kraft der Frau, vor allem der Mütter. Mütter sind unentbehrlich. Sie wollen sich zwar oft von dieser Aufgabe etwas entfernen und, wie man so schön sagt, gleichberechtigt sein. Aber eine Mutter ist eine Mutter und wird es immer sein, da kann sie noch so viele andere Titel haben und Karrieresprünge machen, das Muttersein wird immer ihre Grundbestimmung und ihre größte Würde sein. Den Frauen, die Gleichberechtigung in der Kirche fordern, muß ich sagen, sie sind gleichberechtigt. Das heißt aber nicht, daß sie gleich funktionieren. Eine Frau ist eine Frau, und ein Mann ist ein Mann, das macht uns die Natur klar. Gleichberechtigung heißt nicht gleiche Funktion, sondern es heißt gleiche Würde, gleiches Ernstnehmen. Es muß nicht die Frau das tun, was der Mann speziell tut und umgekehrt, da gibt es Unterschiede. Jetzt redet man ja schon davon, daß bald Männer Kinder austragen werden, aber das ist natürlich dummes Zeug. Die Bibel sagt, Gott schuf den Menschen als Mann und Frau, das ist eben ein Unterschied. Aber heute kommt man ja dann auch mit allen Perversionen, etwa daß die homosexuelle Lebensgemeinschaft gleichrangig gestellt sein soll mit der Ehe. Das kommt nur daher, daß man nicht verstanden hat: Gott schuf den Menschen als Mann und Frau und nicht als Mann und Mann oder Frau und Frau. Diese Ordnungen sind leicht wahrnehmbar, wenn man will. Wenn man nicht will, dann spielt man halt dumm. Die Kirche sagt, die Neigung zur Homosexualität ist noch nicht Sünde, aber das tätige Leben in Homosexualität sehr wohl. Gott wollte das nicht.

Die Welt würde auch aussterben, wenn alle homosexuell lebten. Da wäre die Menschheit dann bald erledigt.

Das Datum des Jahres 2000 hat für mich überhaupt keine besondere Bedeutung. Ich würde mich freuen, wenn sich aus Anlaß der Jahrtausendwende viele bekehren und nachdenken. Ängste in Hinblick auf das Jahr 2000 verstehe ich nicht. Ich kann die Angstlosigkeit niemandem einimpfen, aber Christus sagt: Fürchtet euch nicht. Wer keine Angst hat, ist der freieste Mensch, angstfrei sein heißt frei sein. Die Ängstlichen tun sich schwer, ich fürchte niemanden. Wovor soll ich mich fürchten? Wer sich an Gott orientiert, fürchtet nichts, auch nicht, das Leben zu verlieren, denn er weiß, er wird es wiederfinden.

Das Wortspiel von der Droh- und der Frohbotschaft finde ich dumm, es reimt sich eben, aber was unsere Sorgenkinder in der Kirche da hineininterpretieren, das geht am Thema vorbei. Wenn sie die Drohbotschaft nicht vertragen, werden sie auch keine Frohbotschaft haben. Das eine bedingt das andere. Christus hat die Frohbotschaft gebracht, aber wie oft sagt er: Wehe, wenn ihr das und das tut. Was ist das anderes als eine Drohbotschaft? Oder die Darstellung des Jüngsten Gerichtes, da soll mir doch niemand sagen, das sei nicht ernst. Der Reim von der Droh- und der Frohbotschaft ist kindisch. Frohbotschaft ist gut, Drohbotschaft auch.

Prägend für unserer Jahrhundert waren Marx mit dem Satz »Religion ist Opium für das Volk« und Freud, der meinte, Religion sei eine Neurose der Menschheit. Es ist etwas Wahres daran, daß wir jetzt, hundert Jahre später, die Früchte dieser Theorien ernten. Aber wir wissen, daß die Früchte nicht gut sind; weder Marx noch Freud haben der Menschheit Früchte eingebracht, die gut sind. Schauen wir uns doch an, was wir im kommunistischen Osteuropa erlebt haben, dort haben die Menschen nach Marx gehandelt, und es war nicht das, was sie wollten. Es war gar nichts. Wer sagt, Religion sei Opium für das Volk, der sage es, aber er hat nicht recht. Es geht immer darum, daß der Mensch seine Gottesbeziehung in seinem Leben entfaltet, und dazu braucht er weder einen Psychoanalytiker noch einen Marxisten. Beide Figuren sind im Grund überflüssig, zumindest für den Menschen, der ehrlich, gewissenhaft, liebenswürdig lebt.

In den ehemals kommunistischen Ländern wie etwa Polen hat es sicherlich nach dem Wegfall der Religion als Widerstandskraft eine gewisse Erschlaffung gegeben. Aber es ist nicht so, daß man, wenn der Feind weg ist, zu lumpen anfängt. Ich kenne Polen recht gut, in manchem wäre ich froh, wenn es bei uns so wäre. Sicherlich sind die Polen auch Menschen mit Neigungen, die oft nicht geordnet sind, sie haben Freude am Besitz, am Konsumieren, aber sie haben deshalb nicht ihre Religion verloren. Es ist so wie überall: Wenn es einem schlechtgeht, reißt man sich zusammen, wenn es einem gutgeht, läßt man lockerer. Der Wohlstand ist nichts Negatives, wer möchte ihn nicht haben? Wenn die Leute schon im Wohlstand leben, dann müssen sie sich auch mehr plagen, Christen zu sein. Der Wohlstand ist ein Lohn für etwas. Warum soll man sich ihn nicht auch verdienen durch bewußteres, sittliches, moralisches Leben? Man sieht, daß vieles durch den Wohlstand kaputtgeht, aber das muß nicht so sein. Es ist kein Naturgesetz, daß der Wohlstand zur Gottlosigkeit führt. Prioritäten muß man setzen. Man kann dankbar, bescheiden sein, es gibt tausend Schritte gegen die negativen Folgen des Wohlstandes. Schimpfen über den Wohlstand kann jeder. Aber ich habe nirgendwo gelesen, daß der Wohlstand eine Sünde sei oder etwas Gott nicht Gefälliges. Strukturell und politisch den Wohlstand zu bekämpfen ist eine Torheit, das ist menschenunwürdig.

JOOP ROELAND

Der Briefträger bringt, / fröhlich pfeifend, die Post:
Lauter sonnige / Nachrichten heute!
In der Straßenbahn / sind die Leute freundlich.
Einer Mutter mit Kinderwagen / hat man sogar geholfen.
Heute, ein Sommertag, / der kleine Baum am Platz,
im Herbst mutwillig zerstört, / versucht tapfer,
wieder zu grünen. / In seiner kleinen Sprache
spricht er beharrlich zu uns: / Der Sommer ist stärker.
Oder auch: / Ihr habt Ostern / nicht umsonst gefeiert.

Joop Roeland: *»Die Stimme eines dünnen Schweigens«,*
erschienen im Verlag Die Quelle, *Feldkirch.*

Gott ist die Wunde, nicht das Pflaster

Meine Gedichte sehe ich als Gebrauchstexte. Es ist nicht so, daß ich plötzlich mein Herz zu Papier bringen will. Ich schreibe, wenn ein Text gebraucht wird. Inspirationsquelle sind meine Stadtspaziergänge durch Wien. Es geht mir darum, den Alltag mittels Parabeln verständlicher und durchschaubarer zu machen. Auch Jesus Christus hat ganz gewöhnliche Begebenheiten in Gleichnisse übersetzt. Wir müssen Gott im Alltag begreifen. Das unterscheidet uns von den vielen kleinen Meditationsgruppen und esoterischen Bewegungen, die es heute gibt. Ich stehe ihnen eher skeptisch gegenüber. Überspitzt gesagt, man betreibt dort Weltflucht, alles wird zu Tode meditiert. Ich finde, man sollte mit offenen Augen durch die Welt gehen. Man muß die Wirklichkeit – und die Wirklichkeit hinter der Wirklichkeit – sehen, sich den Zeitfragen stellen. Die drehen sich nicht um Kirchensteuer oder Zölibat, sondern die wichtigste Frage ist die nach Gott. Ich habe das Kirchenvolksbegehren zwar unterschrieben, das war damals in der Groër-Zeit eine Reaktion gegen die Heuchelei, aber die wesentlichen Fragen sind darin nicht angesprochen.

Allerdings ist die im Volksbegehren thematisierte Sexualmoral wichtig. Ich bin von Bischof Schönborn zum Seelsorger für Homosexuelle ernannt worden. Schon als Hochschulseelsorger war ich in Einzelgesprächen mit Studenten mit diesem Thema konfrontiert. In der Wiener Hochschulgemeinde war der Bereich Homosexualität aber ein absolutes Tabu. Erst in der Zeit nach Groër formierte sich in der Diözese ein Studienkreis, bestehend aus Priestern und den Leuten von der HuK (Homosexuelle und Kirchen) sowie einer merkwürdigen Gruppe, die meint, Homosexualität sei heilbar. Es wurde heftig gestritten. Beispielsweise sagten die Leute von der HuK, wir wollen gar nicht geheilt werden, wir sind ja nicht krank. Als dann in Wien ein Priester abberufen wurde, weil er sich provokant zum Thema Homosexualität geäußert hatte, war der Handlungsbedarf groß. Die Kirche bekam den Ruf, sie wolle Schwule und Lesben hinauskomplimentieren.

Als positives Zeichen der Annahme der Homosexuellen wurde ich dann als Seelsorger für diesen Bereich eingesetzt. Oft werde ich zu Lesben- und Schwulengruppen eingeladen. Es gibt eine Beratungstelefonnummer*, über die ich erreichbar bin. Heute abend gehe ich beispielsweise noch zum »Junia«-Gottesdienst in die altkatholische Kirche im ersten Wiener Gemeindebezirk. Das ist ein Gottes-

*Beratungstelefonnummer: + 1 / 535 60 03 oder 515 52 35-24.

dienst speziell für Homosexuelle. Junias ist eine biblische Gestalt, eine als Apostel bezeichnete Person aus dem Römerbrief. Es gibt eine Annahme, daß sie eine Frau war, Junia, und kein Mann, Junias, und daß man aus der Frau und Apostolin Junia einfach einen Mann gemacht hat, Junius. Diese Junia-Wortgottesdienste finden jedes Jahr in einer anderen Kirche statt und werden ökumenisch gestaltet. Es kommen um die sechzig, siebzig Leute.

Ich glaube nicht, daß es heute mehr Homosexuelle gibt als früher, man bekennt sich nur eher dazu. In der Bibel gibt es nicht viele Aussagen zur Homosexualität. Aber die Bibelwissenschaft heute sagt, man muß die Homosexualität unter den veränderten Erkenntnissen der Humanwissenschaft sehen. Es gibt in der Bibel eine Reihe von inzwischen widerlegten naturwissenschaftlichen Aussagen, etwa daß der Hase ein Wiederkäuer sei, die Sonne sich um die Erde drehe, oder daß die Welt in siebenTagen erschaffen wurde. Das muß man nach heutigem Wissensstand beurteilen. Unsere Erkenntnisse über Homosexualität sind ganz anders als zur Zeit, da die Bibel niedergeschrieben wurde.

Ältere Menschen haben oft Schuldgefühle wegen ihrer Homosexualität, junge weniger. Das heißt natürlich nicht, daß ein Homosexueller nicht sündigen kann, aber im sexuellen Bereich gilt für ihn dasselbe wie für einen Heterosexuellen. Wichtig ist, eine humane Sexualität anzustreben und nicht herumzutun – jede Nacht mit einem anderen.

Für gleichgeschlechtliche Lebensformen gibt es allerdings noch wenige gesellschaftliche Vorbilder, im Gegensatz zum heterosexuellen Leben. Ein Hauptproblem für junge Menschen ist es, die eigene sexuelle Orientierung zu akzeptieren.

Aber auch mit Homosexuellen spreche ich mehr über religiöse Fragen als über sexuelle. Eine Frage taucht immer wieder auf: Wie kann ein Schwuler ein spirituelles Leben führen? Die Frage, ob ich so leben darf, wird selten gestellt. Das ist wie mit denjenigen, die eine heterosexuelle voreheliche Beziehung leben, obwohl die Kirche das nicht erlaubt; die fragen auch nicht, ob sie dürfen. In meiner langen Praxis als Studentenpfarrer wußte ich oft, wer mit wem unverheiratet zusammenlebt, niemand hat mich je danach gefragt, ob das erlaubt ist. Die Kirche sollte ihren Kurs in Fragen der Sexualmoral neu definieren. Ich glaube auch, daß es für Priester, nicht für Ordensleute, die Möglichkeit der Ehe geben soll. Ich bin nicht prinzipiell gegen den Zölibat, ich finde ihn eine gute Sache, aber nicht für alle Priester. Wer Thomas Manns *Tonio Kröger* kennt, der kann die dort geschilderte Situation des Künstlers mit der des Priesters vergleichen. Der Künstler steht etwas anders im Leben, er befindet sich zwischen zwei Welten. Darunter leidet er einerseits, es ist ihm dieses Anderssein aber auch Quelle der Kreativität. Der Künstler steht am Rande, er hat Distanz, gerade deshalb kann er über vieles schreiben.

Auch der Priester steht am Rande, er gewinnt dadurch wertvolle Distanz und Freiheit. Ich habe sicherlich durch die Tatsache des Zölibats ein viel interessanteres Leben gehabt, als das ohne der Fall gewesen wäre. Aber der Zölibat ist nicht für alle die geeignete Lebensform. Ich könnte mir vorstellen, daß ein Priester in einer Landpfarre eine Familie hat, während das ehelose Leben eher zum Mönchischen, zum Leben in einem Orden tendiert.

Über einzelne Fragen der Moraltheologie auf dem Gebiet der Sexualität wird die Kirche noch viel nachdenken müssen, etwa über die Zulassung der Pille. Das Problem ist, daß sich zwar das Denken über Sexualität in der Kirche sehr stark geändert hat, aber die Vorschriften haben sich nicht geändert. Früher hat es geheißen, Sexualität dient nur der Fortpflanzung. Das Zweite Vatikanum hat das korrigiert und sagt, es geht mehr um die Liebe, erst in zweiter Linie um die Fortpflanzung. Ginge es nur um die Fortpflanzung, dann hätte Sexualität nur in der Ehe ihren Platz, in der Kinder in einer Familie aufwachsen können. Wenn man aber konzediert, es geht in erster Linie um die Liebe, dann wird man auch über andere Lebensformen als die Ehe diskutieren müssen. Jesus hat kaum über die Sexualität geredet, Paulus aber schon.

Eigentlich sollte man mehr über Gott reden. Das war immer mein Anliegen. Wenn ich mir junge Priester ansehe und mit damals vergleiche, als ich mich entschied, Priester zu werden, fällt mir ein großer Unterschied auf. Ich ging in Holland in eine Augustinerschule, das war eine der vom Staat finanzierten katholischen Privatschulen. Das Leben in der Pfarre gefiel mir nicht, es war sehr kleinbürgerlich. Dennoch faszinierte mich das Priestersein. Ich trat 1948 in den Augustinerorden ein und wurde 1956 geweiht. Wir hatten kein mönchisches Ideal, wir wollten nur Priester sein und endlich arbeiten. Die ganze Studienzeit empfanden wir als Verzögerung. Die Generation, die sich heute zum Priestertum entschließt, will meditieren, sie fühlen sich viel mehr als Mönche als wir damals. Das Kontemplative steht mehr im Vordergrund. Was ich bei manchen von ihnen bedauere ist, daß sie viel zuwenig arbeiten. Sie bringen zuwenig auf die Beine. Wenn ich mit jungen Männern aus dem Priesterseminar spreche, habe ich überhaupt nicht das Gefühl, daß die darauf brennen, möglichst bald etwas zu tun. Sie wollen beten, Gott suchen, sich selbst verwirklichen. Oft spielt Weltflucht mit. Ich finde, dafür muß man nicht Priester werden. Ich wollte möglichst bald unterrichten, Jugendarbeit leisten.

Ich habe dann in Utrecht Deutsch studiert und in einer Mittelschule unterrichtet. Dann kam ich nach Österreich. Ich wohnte in der Katholischen Hochschulgemeinde, der Kontakt mit den Studenten interessierte mich viel mehr als die theoretische Beschäftigung mit meiner sprachwissenschaftlichen Dissertation über den Augustiner Andreas Proles. Ich glaube, ich bin von meiner ganzen Art her Seelsorger.

Mangelnde Weltoffenheit kann ich nicht nur bei jungen Priestern, sondern auch bei der Kirche als Institution finden. Ob der Stellenwert der Kirche in unserer Gesellschaft wieder zunehmen wird, das weiß ich nicht. Aber der Stellenwert der Religion ist im Aufwind, das sieht man an der Sehnsucht der Leute, die sie beispielsweise in der Esoterik zu befriedigen suchen.

In den esoterischen Bewegungen steckt Sehnsucht nach Gott, jedoch können diese Bewegungen keine befriedigenden Antworten geben. Um zu Gott zurückzufinden, sollten wir den Platz für Gott offenhalten. Er soll nicht ausgefüllt sein mit etwas anderem, beispielsweise mit Konsumgelüsten.

Ich habe ein ergreifendes BBC-Interview mit dem englischen Autor Dennis Potter gesehen. Er lag im Sterben und war schwer vom Krebs gezeichnet. Da fragte man ihn, wie er es mit Gott halte? Und er sagte, Gott bedeute ihm sehr viel. Aber Gott ist nicht das Pflaster, sondern Gott ist die Wunde. Das heißt, Gott ist eher das Fragezeichen als die Antwort auf alle Fragen. Diese Gotteserfahrung als Wunde, als Frage, sollte man sich offenhalten und nicht versuchen, sich darüber hinwegzusetzen, auch nicht mit allen möglichen Frömmeleien.

Bei vielen Menschen spüre ich mehr den Trend zum Glauben als zur Kirche. Ich kenne Gläubige, die aus der Kirche ausgetreten sind, aber weiterhin den Gottesdienst besuchen und ihren Glauben nicht eingebüßt haben. Da gab es als Anlaßfall irgendeinen Ärger wegen eines Pfarrers oder über die Kirchensteuer. Ich sehe das relativ, ich komme aus einem Land, in dem es keine Kirchensteuer gibt. Man kann in Holland auch gar nicht aus der Kirche austreten. In Holland gibt es alle zehn Jahre einen Erfassungsbogen, auf dem man das Bekenntnis ankreuzt. Ich persönlich liebe die Kirche auch als Institution, auch wenn ich finde, daß sich vieles ändern muß. Solschenizyn schreibt in einer Erzählung über eine Familie, die in der Zarenzeit, als die Kirche sehr mächtig war, aus der Kirche ausgetreten ist. Später, als die Kirche unter geänderten politischen Verhältnissen schwach und verfolgt war, ist diese Familie wieder eingetreten. Wenn es der Kirche, wie heute, schlecht geht, muß man ihr treu bleiben. Es ist wie in der Ehe: Man verspricht, zueinander zu stehen – in guten und in schlechten Tagen. Dabei denke ich, es ist leichter, in schlechten Tagen zueinander zu halten. Wer den anderen in schlechten Tagen verläßt, der muß ein Schuft sein. Ich hatte eine Begegnung mit einem Paar, das einander haßte. Ich fragte, wann das begonnen hatte. Sie erzählten, es sei ihnen materiell sehr gutgegangen, jeder hatte seine Arbeit, sie redeten aber auf einmal nicht mehr miteinander. In den guten Tagen haben sie sich auseinandergelebt. Daher lautet das Gebot in der Stunde der Krise, die Kirche nicht zu verlassen. In schweren Tagen muß man zusammenhalten.

Wie willkommen sind / die Schritte des Freudenboten,
der Frieden ankündigt / und Rettung verheißt.
Wie leicht ist sein Schritt, / wie ein Tanzender.

Schwer ist Gewalt, / Panzer, Stiefel, Waffen.
Der Friedensbote geht / leichten Fußes.
Nur sein Wort hat Gewicht.

Joop Roeland, *»Die Stimme eines dünnen Schweigens«,*
erschienen im Verlag Die Quelle, *Feldkirch.*

ELISABETH KAINZ

Liebe – und tu, was du willst

Ich bin in Deutschland geboren. Nach meinem Abitur, 1954, bin ich nach Münster gegangen, ich wollte dort Latein, Geschichte und Religion für das Lehramt studieren. Es gab an der Fakultät damals zirka zweihundert Laientheologen, Frauen und Männer, die nicht geweiht werden wollten. Eine Initialzündung für mich war die Dogmatikvorlesung des späteren Kardinals Hermann Volk. Er war ein begnadeter Redner und Prediger, das Auditorium Maximum war bei seinen Veranstaltungen immer voll. Obwohl ich als Erstsemestrige noch nichts bei der Dogmatik verloren hatte und die Thematik noch nicht richtig verstehen konnte, saß ich fasziniert dort und hörte mit offenem Mund zu.

Im dritten Semester beschlossen meine Freundin und ich, für ein Semester nach Graz zu gehen, um dem Dunstkreis des Elternhauses zu entgehen. Wir wollten nicht mehr unter Aufsicht stehen. Ich inskribierte in Graz Latein und Geschichte. Dann versuchte ich, mich in der Theologischen Fakultät einzuschreiben. Das war eine geschlossene Gesellschaft, die meisten waren schon in Schwarz, mit Collar, weit und breit keine Frau, alles nur klerikal. Ich habe mich dort vierzehn Tage lang nicht hineingetraut. Ich ging in den langen Gang, an dem die Hörsälen lagen, auf der einen Seite hinein, auf der anderen wieder hinaus. Eines Tages wagte ich es auf Drängen meiner Freundin doch und setzte mich zum Entsetzen der schwarzgekleideten Studenten in die Vorlesung. In der Pause pirschten sie sich vorsichtig an mich heran und fragten, was ich da wolle. Ich sagte: Theologie studieren. Schließlich ließ mich Professor Johann Fischl durch einen Studenten zu sich rufen. Er meinte: Mein liebes Fräulein, so nebenbei können Sie nicht Theologie studieren, als Kombinationsfach. Das müssen Sie richtig machen, von Anfang bis Ende, und Ihre ganze Kraft darauf verwenden. Er rannte bei mir offene Türen ein, denn Theologie gefiel mir viel besser als Latein und Geschichte. Also studierte ich in Graz, lernte Hebräisch, Arabisch und Syrisch zum Griechischen dazu.

Mein Vater machte sich Sorgen, denn er fragte sich, was ich mit dem Theologiestudium anfangen würde. Ich beruhigte ihn und sagte, alleine kann ich von der Theologie leben, und wenn ich einmal für eine Familie sorgen muß, werde ich einen Mann haben, der auch Geld verdient. Ich wollte damals keinesfalls Priesterin werden, ich weiß gar nicht, was ich wollte. Ich habe Theologie studiert, weil es mich interessiert hat. Ich wollte mich nicht mehr beseelsorgen lassen, sondern es selbst wissen, mir einen eigenen Weg suchen und nicht an den Lippen irgendeines Theologen hängen müssen.

Heute, in der Rückschau, kommt mir meine damalige Situation so vor wie mein zweieinhalbjähriger Enkel, der jetzt auch alles selbst machen will. Das Theologiestudium ist faszinierend. Es war damals faszinierend, und vierundzwanzig Jahre später, als ich es fortsetzte, ebenfalls. Ich habe bald meine Liebe für das Neue Testament entdeckt. Professor Franz Zehrer, ein kultivierter Mann mit einer Vorliebe für klassische Musik, bewies, daß man Exegese auch interessant und aktuell betreiben kann, das war für mich eine neue Perspektive. Dogmatik war schrecklich in Graz, keine Rede vom genialen Vortrag von Professor Hermann Volk. Ich verstand nicht, wieso ich irgend etwas auswendig lernen sollte, nur weil ein Kirchenvater einmal gesagt hat, daß es so ist. Ich glaube, das war mein erster öffentlicher Protest, als ich bei der Prüfung sagte: Nein, die Kirchenväter habe ich nicht gelernt, die halte ich nicht für beweiskräftig. Einen männlichen Kollegen hätte der Professor durchfallen lassen, bei mir sagte er nur: Aha. Ich hatte damals bereits ein neutestamentliches Dissertationsthema. Dann lernte ich meinen Mann kennen. Ich dachte, die Dissertation mache ich nebenher. Das ging aber nicht, denn es kamen bald Kinder. Als ich mit dem dritten Sohn spazierenging, traf ich den Professor, und er meinte: Na, jetzt wird es mit der Dissertation wohl vorbei sein. So war es aber nicht. Meine Arbeit schleppte ich immer mit mir herum, sie lag immer in meiner Nähe. Es ging um Paulus, um den Satz (1 Korinther 9,5): Haben wir nicht das Recht, eine Schwester als Frau mitzunehmen? Der Punkt war, ob hier eine rein geistige Gefährtin oder eine Ehefrau gemeint ist. Heute weiß man, es waren natürlich Ehefrauen gemeint, das ist ganz logisch. Paulus spricht in diesem Zusammenhang von den Brüdern des Herrn und Petrus, die Ehefrauen hatten. Ich habe Untersuchungen angestellt und mich gewundert, daß viele Kirchenväter darauf beharrten, es sei von einer geistigen Gefährtin die Rede. Ich konnte aber damals die Arbeit nicht fertigstellen, und so engagierte ich mich in der Pfarre und schrieb beim Pfarrblatt.

Als mein jüngster Sohn zu studieren begann, gab er mir einen Ruck, an der Uni weiterzumachen. Mein Professor war nicht mehr dort, und so habe ich etwas Neues begonnen. Meine Magisterarbeit habe ich über die Frau am Jakobsbrunnen geschrieben, über die Salbung Jesu habe ich dann dissertiert.

Die Fakultät hatte sich sehr verändert, es gab viele Männer, die nicht das Priesteramt anstrebten, und es gab auch viele Frauen. Ich habe mich sofort wieder begeistert mit dem Neuen Testament beschäftigt. Das Faszinierende war, daß man viele ehemals unklare Dinge jetzt besser wußte. Sie sind beweisbar, durch vergleichende Texte, aber die Kirche ignoriert das. Es hat in der Urkirche und noch später Diakoninnen gegeben, sie haben Gottesdienste gefeiert. Es heißt, sie haben das Brot gebrochen. Es hat diese Frauen gegeben, aber die katholische Kirche zieht keine Konsequenzen daraus, im Gegenteil. Gut, wir haben heute Kommunionspenderinnen. Ich selbst war zehn Jahre lang Lektorin, aber predigen durfte ich nicht. Die Idee, Diakonin zu werden, wäre für mich erstrebenswert gewesen. Es wäre auf der Hand gelegen, daß man Pastoralassistentinnen zu Diakoninnen macht, aber nein, Diakone wurden die verheirateten Männer. Daher blieb das für mich ein Gedankenspiel – ich war eine verheiratete Frau und mit vier Männern behaftet.

Als Diakonin eine Gemeinde zu leiten stelle ich mir schön vor. Pfarrerin zu sein, darüber habe ich nicht einmal nachgedacht. Ich würde auch mit der Hierarchie nicht fertig. Als meine Kinder größer waren, wollte ich in den Schuldienst gehen. Man hat mich nicht sehr wohlwollend behandelt. Ich wollte in einer Behindertenschule arbeiten und bot an, entsprechende Kurse zu belegen. Das geht nicht, war die Reaktion, da müssen Sie zuerst sechs Jahre in die Volksschule und dann vier Jahre in die Hauptschule, dann werden wir sehen. Ich sagte, das mache ich nicht, ich lasse mich nicht so unter Druck setzen. Schließlich sollte ich eine Religionslehrerin vertreten, die gerade durchgedreht hatte. Unglücklicherweise, heute sage ich glücklicherweise, wurde einer meiner Söhne krank, und ich versuchte den Arbeitsbeginn um eine Woche zu verschieben. Ich bekam zu hören: Das macht doch nichts, wenn Ihr Sohn hohes Fieber hat, kann er ohnehin nicht aufstehen. Da können Sie ja kommen. Ich kam nicht …

Ich habe zu meinem abgeschlossenen Studium noch die beiden Titel Magister und Doktor erworben. Heute leite ich eine Bibelrunde. Wir sind zwischen acht und zwölf Frauen, ich gebe den Teilnehmerinnen, die zwischen zwanzig und siebzig sind, geistiges Rüstzeug, um sich zu wehren. Wir haben alle Frauengestalten aus dem Neuen Testament durchbesprochen. Wenn man das Neue Testament als Frau liest, liest man es anders, als wenn man es als Mann liest. Es gibt beispielsweise bei Lukas die Geschichte von Johanna, die mit Jesus gezogen ist. Sie heißt in der Bibel die Frau des Kusa. Sie soll sehr reich gewesen sein und konnte mit dem, was sie besaß, Jesus und die Jüngergemeinschaft unterstützen. Die Kirche machte diese Frau sofort zur Witwe, eine Frau kann ja nicht ihren Mann verlassen. Petrus darf seine Familie verlassen, aber für eine Frau ist das undenkbar. Dabei wissen die doch ganz genau, welches Wort für Frau und welches für Witwe steht. Bei der Salbung bei Lukas ist die Frau eine Sünderin, und der Begriff Sünderin wird sofort als Prostituierte gedeutet. Das ist keineswegs erwiesen, lediglich eine Interpretation, die sich aber sofort durchgesetzt hat. Maria aus Magdala wurde in der Westkirche sofort zur Prostituierten. Lukas sagt von ihr nur, daß sieben Dämonen aus ihr ausgetrieben wurden. In der Sprache der Zeit heißt das, daß sie sehr krank war. Die Deutung in Richtung Sünderin geschah mit voller Absicht.

Von der Bibel aus betrachtet gibt es keinen Grund, Frauen nicht als Priesterinnen zuzulassen. Ich glaube, daß es heute viele junge Frauen gibt, die Priesterin werden möchten. Warum sie nicht in ein Frauenkloster gehen? Wissen Sie, wie es da zugeht? Im Kloster zu sein ist kein Kampfmittel. Hunderttausende Klosterschwestern werden in Rom angeblich von einem Mann vertreten. Ich weiß nicht, warum sie sich das gefallen lassen. Natürlich gibt es biologische Unterschiede zwischen den Geschlechtern, aber die rechtfertigen doch nicht die totale Unterdrückung der Frauen in der katholischen Kirche. In den Anfangszeiten der Pfarrgemeinderäte hätte man lieber einen Dorftrottel zum Vorsitzenden genommen als eine Frau.

Auf der unteren Ebene hat sich inzwischen vieles gebessert, nicht aber oben in der Hierarchie. Ich fühle mich als Frau in der katholischen Kirche nicht diskriminiert, ich sage mir: Wenn die mich nicht wollen, ist das ihr Problem. Immer wieder kommen Menschen zu mir und wollen über Glaubensfragen und Theologie sprechen. Ich wäre gerne Seelsorger, ich fühle mich auch oft als solcher. Natürlich habe ich das Kirchenvolksbegehren unterschrieben und eine lange Liste mit Unterschriften eingeholt, das war eine wichtige Sache. Was die Erfolgschancen anlangt, kann ich nur sagen, ich hätte auch nie geglaubt, daß ich es erleben werde, daß die Berliner Mauer fällt. Aber wenn sie sich noch lange spielen, dann gibt es zwei Kirchen, eine oben und eine unten. Ich finde auch den Aufruf zum Beten um die Ökumene albern. Oben muß etwas getan werden, anstatt uns zum Beten aufzufordern.

Die evangelische Kirche hat grundsätzlich alles verwirklicht, was das Kirchenvolksbegehren fordert. Warum ich trotzdem in der katholischen Kirche bleibe, das ist eine Frage, die ich mir immer wieder stelle. Ich habe mir ernsthaft überlegt, zu den Altkatholiken zu wechseln. Vielleicht bin ich zu alt, um noch groß zu protestieren. Was den Zölibat betrifft, das geht mich nichts an. Wenn sich Priester das gefallen lassen und nicht streiken, ist es ihre Sache. Die meisten haben doch irgendwelche eheähnlichen Verbindungen, sagt man. Ich würde niemanden zum Heiraten zwingen, aber wer will, der soll dürfen.

Man darf nicht alles von Rom abhängig machen, das war ja früher auch nicht so. Natürlich ist die Ignoranz

Roms für viele Gläubige ein Grund, auszutreten. Als der Erzbischof Schönborn in Rom dem Kardinal Groër den Ring geküßt hat, dachte ich auch, jetzt reicht's, jetzt trete ich aus. Wiederverheiratete Geschiedene sind von den Sakramenten ausgeschlossen, während ein beschuldigter Kardinal unbehelligt bleibt? Das ist zweierlei Moral. Es wird kyriale Macht demonstriert und Demut von den anderen verlangt. Als die Pillendiskussion in der Kirche virulent war, sagte ich, bitte, fragt doch nicht in Rom an, der Papst kann dazu nicht ja sagen. Sie haben angefragt und das Nein erhalten. Solange man mit der Kirche nicht über Verhütung reden kann, rede ich mit der Kirche nicht über Abtreibung. Das ist eine Sache, die ich mit mir, meinem Mann und meinem Arzt ausmache. Innerhalb des Kirchenvolkes spielt sich doch ohnehin ein ganz normales Leben ab, man verhütet, man treibt ab, wenn es aus medizinischen Gründen sein muß. Wenn die österreichische Frauenministerin in der Diskussion um die Zulassung zur Abtreibungspille meint, die Kirche soll sich da überhaupt heraushalten, finde ich das nicht so schlecht. Was geht das die Kirche an? Zölibatär lebende Männer sind für mich in dieser Frage nicht sehr kompetent. Ich habe mich nicht an die Pillenenzyklika gehalten, ich habe mich nicht unterdrücken lassen.

Natürlich kann ich in der Kirche leben und die Hierarchie zu einem gewissen Grad mißachten. In der Jüngergemeinschaft gab es nie eine Hierarchie. Ich kann mir vorstellen, daß ich zu vielem in der Kirche nein sage, aber dennoch als katholische, gläubige, die Lehre verkündende Christin dabei bleibe. Was mich in der Kirche hält, ist die Tatsache, daß sie das Evangelium besitzt. Daß sie sich nicht mehr daran hält, ist eine andere Sache. Es ist im göttlichen Plan vorgesehen, daß die Menschen viel Freiheit haben. Die Situation, in der sich die Kirche heute befindet, ist die Folge daraus. Wenn es aber noch lange dauert, bis tatsächlich Reformen in Angriff genommen werden, wird sich eine Spaltung in eine Ober- und eine Unterkirche nicht mehr aufhalten lassen. Selbstverständlich muß es Strukturen geben, aber in meinen Augen gibt es im Moment in Rom nur noch Strukturen. Die Kirche müßte ohne Höllendrohung leben lernen, die nützt ihr ohnehin nichts mehr. Das Liebesmotto ist in der gegenwärtigen Hierarchie unsichtbar.

Unter allen christlichen Werten steht primär die Liebe im Vordergrund, um die geht es. Augustinus sagt: Liebe und tu, was du willst.

FRANZ WELSER-MÖST

Dirigent und Priester haben dieselbe Funktion

Alles hat mit Theologie zu tun, auch Musik. Musik hat sogar unglaublich viel mit Theologie zu tun. Da sind einerseits unser Streben und die Sehnsucht nach dem Idealen. Auch Gott und die Erlösung können wir als eine Art Idealzustand bezeichnen. Andererseits sind wir mit dem Imperfekten konfrontiert. Das menschliche Ohr zum Beispiel, sicherlich eines der sensibelsten, noch am wenigsten erforschten Organe, kann sich Dinge zurechthören. Sie können einen Akkord nach allen Stimmgeräten perfekt ausstimmen, trotzdem stimmt er nicht, wenn ihn das Ohr nicht zurechthört. Die Diskussion, wie hoch ein A sein soll, 440 oder 415 Hertz oder was immer, erübrigt sich, wenn man kein absolutes Gehör hat. Für mich ist Musik ein Kosmos, in dem die verschiedenen Tonarten jeweils einen emotionalen Ausdrucksbereich abdecken. In diesem Kosmos bewegt sich unser Ohr.

Und – ich versuche immer in Analogien zu denken – so wie das Ohr im Kosmos Musik, so bewegen wir uns als Menschen im Kosmos Welt. Wir rücken uns Dinge zurecht. Wir wissen aber, daß es über das Meßbare, Objektivierbare hinaus noch etwas gibt. Ich sage den Orchestermusikern immer, kaum einer der Zuhörer merkt das, wenn hie und da ein winziger Fehler passiert, wenn es nicht genauso klingt, wie wir das geprobt haben. Aber hundert Prozent *spüren*, ob die Aufführung als Ganzes stimmt oder nicht.

Ich glaube, daß wir in der Theologie unsere Gefühlssprache zu sehr vernachlässigt haben. Das sogenannte Mysterium ist in der Musik leichter zugänglich, weil wir der Musik gegenüber unvoreingenommener sind als der Theologie. Wir sind noch immer stark geprägt vom Wissenschaftsgeist des neunzehnten Jahrhunderts, der alles erklären will. Alles, was wir unter Mysterium verstehen, wurde in der Religion auf die Seite gedrängt. Die katholische Kirche wurde sehr dogmatisch. Sie will alles festnageln, das halte ich für eine traurige Entwicklung. Dogmen bedeuten jeweils den Untergang einer Idee; was ich dogmatisiere, ist bereits erstarrt und nicht mehr lebendig. Glaube soll aber leben. In der Musik kann sich das Mysterium offenbaren – was dahintersteckt, das ist das Gemeinschaftserlebnis. Aus diesen mystischen Gründen kann in der Musik eine CD nie das Live-Erlebnis ersetzen.

Live im religiösen Sinn heißt, daß wir zurück müssen zu den Wurzeln des Urchristentums, zurück ins Neue Testament. Die Kirche bewegt sich heute zu sehr auf dem Fundament des Alten Testaments. Natürlich braucht der Mensch Rituale, das ist wichtig für die innere Balance. Aber diese Rituale dürfen nicht sinnentleert sein. Wir müssen uns in der Formensuche auf kleinere Einheiten besinnen. Man muß den Satz, wo zwei oder drei in meinem Namen zusammen sind, da bin auch ich, wieder wörtlich nehmen. So schön das auch sein mag, wenn zwanzigtausend Menschen miteinander Messe feiern, das Gebet von zwei, drei Menschen hat etwas viel Berührenderes, als wenn man sich einfach in der Masse mittreiben läßt. Ob im Gebet oder in der Meditation, in der kleinen Gruppe ist der einzelne mehr gefordert. Im Schlagwort Hauskirche liegt tatsächlich eine Hoffnung, dort soll Seelsorge, die Sorge um die einzelne Seele, stattfinden. Das ist sinnvoller als der ritualisierte Kirchgang am Sonntag.

Eine Messe zu feiern kann für einen Priester ein ebenso intensives Erlebnis sein wie eine Aufführung für einen Musiker. Wenn aber ein Priester, sei es wegen des Priestermangels oder aus Geldgier, weil er dafür ja bezahlt bekommt, an einem Wochenende sechs, sieben Messen hält – was soll da herauskommen, außer daß Formeln abgespult werden? Hören Sie sich doch die Predigten an, was da herumgeschwafelt wird. Damit untergräbt man, worum es eigentlich geht.

Ich persönlich bin ein sehr gläubiger Mensch. Ich bin katholisch erzogen worden, stamme aus einer konservativkatholischen Familie. Acht Jahre lang war ich Ministrant. All das lief ernsthaft, aber auch formelhaft ab. In der Pubertät rebelliert man dagegen, sagt, damit möchte ich nichts zu tun haben, das ist Schmarren. Das habe ich auch gemacht.

Durch einen Autounfall im November 1978 erlebte ich eine große Wende; ich begann zum Beispiel, über das Karfreitagsmysterium nachzudenken. Das ist die Essenz des christlichen Glaubens, daß ein Mensch, Gottes Sohn, das alles auf sich nimmt. Ich fragte mich damals, wie ist so etwas überhaupt möglich? Das beschäftigt mich nach wie vor.

Der Gedanke an Leiden und Tod relativiert vieles, was im Alltag tragisch ist. Diese letzten Dinge kommen unentrinnbar auf einen zu, ob Sie Krebs kriegen oder umfallen und tot sind, das wird man sehen. Die Natur ist ohnehin so gnädig, daß das Leiden oft für den Außenstehenden schlimm aussieht, der Betroffene das aber gar nicht mitbekommt, weil er zum Beispiel einen Schock hat. Das weiß ich aus meiner eigenen Unfallerfahrung.

Natürlich bin ich nicht frei von Todesangst. Aber es gibt Momente, da finde ich das sehr spannend, was im Tod auf mich zukommen wird. Ich bin fest davon überzeugt, daß es eine nächste Dimension gibt, die auf mich wartet.

Wir sollten dahin kommen, eine offene Glaubensgemeinschaft zu werden, damit wir über all diese Dinge normal miteinander reden können.

Ich hatte das Glück, einen Menschen für tiefgehende Glaubensgespräche kennenzulernen und mit ihm fünf Jahre lang befreundet zu sein. Es war ein Mönch aus Kremsmünster, der voriges Jahr gestorben ist. Mit ihm verband mich Seelenverwandtschaft. Dieser Mönch hatte früher alle möglichen Berufe ausgeübt, er war zum Beispiel Direktor des Auktionshauses Sotheby's. Mit fünfzig trat er ins Kloster ein, weil er unter anderem fand, daß es keinen Sinn mehr für ihn habe, etwas um fünfzigtausend einzukaufen, um es für hundertfünfzigtausend weiterzuverkaufen. Er war wirklich ein Seelsorger. Bei einem unserer vielen Spaziergänge und nächtlichen Gespräche sagte er: Die Musiker sind eigentlich die Hohen Priester unserer Zeit. Ich habe das damals nicht verstanden, erst viel später begriff ich, was er damit meinte. Daß es nämlich uns Interpreten heute viel eher möglich ist, Inhalte zu transportieren, als der formal erstarrten Kirche. Der Priester hat in gewisser Hinsicht dieselbe Funktion wie der Dirigent. Das sind zwei sehr ähnliche Berufe! Beide sind Interpreten, Zwischenträger. Wer Musik interpretiert, der ist das Gefäß, durch das etwas durchfließen soll, um jemand anderen zu erreichen.

Mit diesem Mönch hatte ich Erlebnisse von Hauskirche, als wir zu viert oder zu fünft eine Messe gefeiert haben. Ich verdanke ihm viel an Einsicht, für mein *Parsifal*-Dirigat zum Beispiel. Speziell der Erlösungsgedanke im *Parsifal* hat mich theologisch sehr beschäftigt: Wie kann ein Mensch das alles auf sich nehmen und dadurch eine gesamte Gemeinschaft erlösen? Das hat viel mit meinem persönlichen Glauben zu tun.

Darüber rede ich zum Beispiel auch mit meinen Orchestermusikern, wenn wir Wagners *Parsifal* einstudieren. Für mich ist das theologisch Unglaublichste, was Wagner gemacht hat, seine Abänderung des Abendmahlspruches. Es heißt nicht: Tut das zu meinem Gedächtnis, sondern: Tut das um unserer Liebe willen. Das ist ein beachtlicher Satz. Als ich das dem Orchester erklärte, erntete ich aber betretenes Schweigen. Wir wissen nicht, wie wir mit solchen Dingen umgehen sollen. Bei Wagners *Parsifal* meinen dann manche, da baut er halt an seiner Weltenreligion.

Ich habe kein Problem damit, mich mit dem Erlösungsgedanken im *Parsifal* genauso wie mit der Musik auseinanderzusetzen. Man darf die Person des Komponisten nicht mit dem Werk in eins setzen. In der Bibel steht, Gott drückt sich nicht immer dort aus, wo wir's erwarten. Das gilt auch für Künstler. Manchmal drückt sich Gott gerade dort aus, wo wir es überhaupt nicht erwarten. Deshalb sehe ich auch keinen Widerspruch darin, daß Richard Strauss angeblich nicht religiös war, ich seine Musik aber sehr wohl oft als übersinnlich empfinde. Das ist wie mit Hans Pfitzner. Wenn ich seine Musik dirigiere, sagen die Leute, aber das war doch ein Nazi! Da kann ich nur aus der Bibel zitieren: Der Geist Gottes weht, wo er will. Oder nehmen sie die Bäsle-Briefe von Mozart, die ja auch nicht gerade das sind, was wir aus der Feder eines Kirchenlichts erwarten. Und Beethoven? Er war ein unangenehmer Zeitgenosse, ich hätte ihn nicht treffen mögen. Doch was sagt das über sein musikalisches Genie? Wir dürfen nicht in Schwarzweißmustern denken. Auch in der Kunst sind Dogmen gefährlich.

Wir müssen offen sein. Darum sage ich auch, vielleicht bin ich einmal nicht mehr Dirigent und mache etwas ganz anderes. Ich glaube aber daran, daß jeder dorthin gestellt ist, wo er hingehört. Man muß dann das Beste daraus machen.

Für mich ist ein gläubiger Mensch ein suchender Mensch. Der Volksmund sagt, glauben heißt nichts wissen. Das ist für mich genau der Punkt: Glauben heißt suchen! Es gibt ja auch den Spruch, der Weg ist das Ziel. Wenn ein Bischof Krenn beispielsweise sagt: Das ist *die* Wahrheit, dann finde ich das nicht nur anfechtbar, sondern auch traurig, weil es das Suchen ausschließt. Im Neuen Testament wird uns Mündigkeit zugesprochen, sie wird sogar von uns verlangt. Wir sollen uns unser eigenes Gewissen bilden, an uns arbeiten, Lösungen suchen.

Das ist in der Musik nicht anders. Wenn es so einfach wäre, würden wir einmal die Fünfte Beethoven dirigieren und sagen: Das habe ich gemacht, fertig. Wir beschäftigen uns aber immer wieder damit. Das gilt auch für die Malerei. Ich hatte zwei große Erlebnisse mit bildnerischer Kunst. Das eine war in Venedig die von Tintoretto ausgemalte Scuola di San Rocco. Die ist hochmodern, diese Kreuzigungsszene, wohin und in welches Licht er den Johannes stellt. Das andere war die Brancusi-Ausstellung in Philadelphia vor ein paar Jahren. Da war ich sprachlos, wie der Künstler etwas so auf das Minimum reduziert – aber in unglaublicher Schönheit. Das alles hat sehr viel mit Glauben zu tun.

Letztlich geht es darum, Dinge so zu vereinfachen, daß ich mit Sokrates sagen kann: Ich weiß, daß ich nichts weiß. Zu dieser Erkenntnis müssen wir kommen.

Ich glaube, auch in der Theologie müßte man sich wieder dieser Einfachheit bedienen, um Wesentliches freizulegen. Für mich ist das Miteinander eine der größten Essenzen des christlichen Glaubens. Das ist ein großer Unterschied zum Buddhismus, daß wir Christen die Lösung nur durch und mit anderen finden. Mit meiner Frau habe ich anläßlich unserer Hochzeit oft über Erlösung diskutiert. Ich habe zu ihr gesagt: Erlösung ist, daß wir mit den

Fehlern des anderen liebevoll umgehen, sie aber trotzdem nicht übersehen. Dadurch geben wir dem anderen die Möglichkeit, seine eigenen Schwächen anzunehmen und sie selbst zu akzeptieren, was das Schwierigste ist. Auch das steht im Neuen Testament. Durch das Wahrnehmen der eigenen Schwächen können wir an ihnen arbeiten, Dinge ablegen, uns bessern. Erlösung passiert nicht wie in der Oper *Hänsel und Gretel*, wo die Hexe mit dem Zauberstab kommt und sagt, du bist erlöst. Erlösung ist ein Prozeß.

Je näher mir ein Mensch steht, desto mehr kann er an meiner Erlösung mitwirken, und ich umgekehrt an seiner. Ich köchle nicht für mich alleine vor mich hin und führe ein Eremitendasein, sondern ich stehe mitten im Leben. Ich versuche, in meinem menschlichen Umfeld als Persönlichkeit zu wachsen und in eine Richtung zu gehen, wo ich dem, was Jesus gesagt hat, näher und näher komme.

Wenn ich mir den aktuellen Kirchenstreit ansehe, fällt mir das Alte Testament ein: Aug um Aug, Zahn um Zahn. Genau das ist es. Einer haut dem anderen eine rein. Was sagt aber Jesus? Wenn dir einer eine reinhaut, halte die andere Seite auch hin. Das bedingt, die eigenen Fehler zuzugeben, sie zu sehen, sie dem anderen zu zeigen: Hier bin ich verwundbar. Darum geht es im Neuen Testament. Es tut mir weh, was in der katholischen Kirche Österreichs passiert. Es gab einen Satz von Bischof Krenn, der gab mir zu denken. Er sagte, was »Wir sind Kirche«, dieses Sammelbecken der österreichischen Reformkräfte, fordere, sei nicht repräsentativ, dort fehle das einfach denkende, gläubige Volk. Wenn man sich diesen Satz überlegt, kann man nur zutiefst betroffen sein über diese maßlose Überheblichkeit: zu sagen, wir brauchen diese Trottel da unten, die uns alles abnehmen. Das zeugt von einer unglaublichen Machtbesessenheit. Im Neuen Testament ist aber von Brüderlichkeit die Rede.

Bischof Krenn hat nicht begriffen, daß derjenige, der der Erste ist, der Erste im Dienen sein muß. Was heißt denn, der Bischof ist ein Hirte? Was macht ein Hirte? Er muß schauen, daß es den Schafen gutgeht, daß er sie pflegt und hegt, denn sie sind sein Besitz. Von oben herab zu sagen, friß Vogel oder stirb, so kann es wirklich nicht gehen.

Die Forderungen des Kirchenvolksbegehrens bleiben in meinen Augen relativ an der Oberfläche. Der Ansatz ist falsch. Mit ist das vollkommen wurscht, ob es jetzt weibliche Priester gibt oder nicht. Das ist für mich kein Problem. Wir müssen wieder über die Essenz unseres Glaubens reden: das Miteinander. Da kann ich nicht sagen, wir, die zum Priester ausgebildet sind, wir wissen, wie es geht. Man muß versuchen, sich weiterzuentwickeln und letztlich einfacher zu werden. Einfacher werden heißt, Dinge abzulegen. Wenn meine Frau mit meinen Fehlern liebevoll umgeht und mir dadurch zeigt, wo meine Schwächen liegen, und wenn ich dadurch diese Schwächen abbaue, werde ich dadurch einfacher. Fehler, Schwächen haben etwas sehr Komplexes an sich, sie machen uns kompliziert. Wenn ich reiner werde, werde ich auch einfacher. Ich werde nie vergessen, wie mein Priester-Freund, Pater Maurus, gesagt hat: Wir Menschen haben große Probleme, einander Gefühle zu zeigen, vor allem, wenn es positive Gefühle sind. Wir haben unglaubliche Schwierigkeiten, es uns zuerst selbst einzugestehen und dem anderen dann zu sagen, ich liebe dich. Wir haben aber kein Problem, dem anderen eine reinzuhauen. Noch viel größere Schwierigkeiten haben wir, über unseren Glauben zu sprechen, einander zu sagen, woran wir eigentlich glauben.

Eines meiner Lieblingsgleichnisse im Neuen Testament ist das von den Talenten. Das Wort Talent hat heute eine andere Bedeutung, aber in der Bibel wird gesagt: Talent bedeutet Verpflichtung. Für jemanden wie mich, der ein großes musikalisches Talent geschenkt oder geliehen bekommen hat, bedeutet das eine Verpflichtung. Ich kann damit nicht Schindluder treiben. Das sind die Dinge, die mich bewegen. Aber ob ich das jetzt mit einer Frau oder mit einem Mann bespreche, das ist doch vollkommen egal. Die Frage des Frauenpriestertums ist für mich sekundär. Man muß sich die primären Fragen stellen, wie die der Erlösung im christlichen Glauben. Die Medien sollen ruhig die sekundären Fragen abhandeln. Aber in den Enzykliken sollten primäre Dinge abgehandelt werden. Da gibt es eine Enzyklika über die Pille – ist mir recht, aber das ist doch nicht das, was mich bewegt. Wenn ich mich entschließe, mit einem anderen Menschen eine Partnerschaft einzugehen, dann ist doch nicht die Empfängnisverhütung das Alleroberste, was mich interessiert. Was wäre denn das für eine Partnerschaft?

Wenn ich mir Gedanken mache über den Tod, ist mir das doch vollkommen gleichgültig, ob mir das Sterbesakrament eine Frau oder ein Mann verabreicht. Ich brauche jemanden, mit dem ich mich über den Tod unterhalten kann, der mich da hinüberbegleitet, es muß nur jemand sein, der liebevoll damit umgeht. Das ist die Botschaft des Neuen Testaments, etwas anderes lese ich nicht heraus.

Wenn man das Neue Testament ernst nimmt, ändert sich auch etwas im Beruf. Speziell als Dirigent steht man ja in dem Ruf, diktatorisch zu sein. Wenn wir nicht wollen, daß die klassische Musik stirbt, müssen wir uns darauf besinnen, daß wir in der heutigen Gesellschaft nicht so agieren können wie früher. Da sind wir, die vorne am Pult stehen, gefordert. Ich habe als Dirigent – fragen Sie die Musiker – kein Problem, einen Fehler zuzugeben. Das ist selten unter Dirigenten, bei denen das Machogehabe vorherrscht. Wir müssen uns Ehrlichkeit angewöhnen. Ich kenne meine Fähigkeiten, mein Talent. Meine Aufgabe ist es, vorzugeben, wie dieses Stück gespielt werden soll, aber das heißt nicht, daß ich fehlerfrei bin. Erster zu sein, heißt auch zu dienen. Ich muß dem Orchester ermöglichen, so gut wie möglich zu spielen und ihm nicht meine Vorstellung aufoktroyieren, wie ich sie mir im Kämmerlein zusammengedacht habe. Das ist aktive Umsetzung meines Glaubens. Dem einzelnen muß ich respektvoll begegnen. Wenn ich glaube, muß ich anerkennen, daß jeder Mensch den göttlichen Funken in sich hat, den wir Seele nennen. Selbst wenn die Seele mit allen möglichen Egoismen zugeschüttet ist, kann ich vielleicht meinen Beitrag dazu leisten, daß sie wieder an die Oberfläche kommt. Einfach ist aktives Christsein nicht. Macht korrumpiert schnell. In meiner Position verfüge ich über ein gewisses Maß an Macht. Mit der sorgfältig umzugehen und in jedem Menschen diesen göttlichen Funken zu sehen, und das vierundzwanzig Stunden am Tag, das ist das Schwierigste.

Weder in der Theologie noch in der Musik gibt es die absolute Wahrheit. Vor vielen Jahren probten wir wie die Wahnsinnigen die *Johannespassion* von Johann Sebastian Bach. In der Aufführung ergab sich in den letzten fünfzehn Minuten eine ganz unerwartete Richtung, aber alle waren voll dabei. Man mußte loslassen und vertrauen. Auch das ist für mich schwer am Christsein, immer wieder das Vertrauen in die Führung zu haben.

Die Leute gehen in die Kirche, Sonntag von zehn bis elf ist dort der liebe Gott, sonst ist er nicht da. Dieses Phänomen hat mich schon als Kind beschäftigt. Wir müssen uns aber über die Ebenen klarwerden. Auch bei einer Aufführung weiß ich, daß alle meine Vorstellungen auf einer Ebene sind, über der es noch eine höhere gibt. Unten ist nun einmal das Animalische. Wir sagen zwar, der Geist beherrscht die Materie, aber leben tun wir das nicht. In der Realität beherrscht die Materie den Geist. Beim Musizieren ist es genauso. Da gibt es auch den Materiebegriff, der umfaßt nicht nur das Geld, sondern auch die Noten, mich selbst. Alles, was vergänglich ist, ist Materie. Ich muß diesen Materiebegriff nach oben hin öffnen, zu dem, was wir als Geist bezeichnen.

Warum gibt es immer wieder diese Momente der Offenbarung, wenn sich in der Musik das Göttliche offenbart? Manche meinen, Offenbarung kann nur in religiösen Werken passieren; das ist falsch. Wer glaubt, Offenbarung gibt es nur in Bachs *Matthäuspassion*, nicht aber in Mozarts *Cosí fan tutte*, der redet einen Schmarren. Der Geist übersetzt sich ins alltägliche Leben. *Cosí fan tutte* ist zutiefst menschlich, da ist Mozart am göttlichsten, das ist für mich sein größtes Stück! Daß diese Oper zynisch sei, behaupten nur die frustrierten Materialisten. Mozart ist für mich der Größte, er bringt alle Dinge in eine Balance und minimiert derartig, daß er mit geringsten Mitteln alles sagt, ein Meister der Einfachheit.

Ein Kollege hat gesagt, der Schluß der *Zauberflöte* von Mozart sei ironisch gemeint; da stellen sich bei mir die Haare auf. Das ist doch eines der ersten Stücke, bei denen der persönliche Glaube eines Menschen in eine Oper einfließt. Mozart hat an die Brüderlichkeit geglaubt. Es gibt Interpreten, die aus Frustration und aus ihren Komplexen heraus versuchen, einem Werk etwas aufzudrücken. Natürlich ist alles Immaterielle schwer zu fassen. Aber wenn ich vor dieser Herausforderung kapituliere, müßte ich konsequenterweise den nächsten Schritt tun und sagen, es gibt keinen Geist. Diese Denkweise spiegelt sich dann in der Interpretation wider.

Ich meditiere vor jeder Aufführung, um mir zu vergegenwärtigen, daß es nicht um mich geht, sondern daß ich Transportmittel für etwas bin, das weit über meinem materiellen Dasein und Denken steht. Man kann das ruhig auch Gebet nennen. Der Begriff Gott reicht so weit über mein Verständnis, daß es keinen Sinn hat, zu versuchen, ihn herunterzuholen. Wenn ich mir meinen Gott so einfach machte, stellte ich ihn mir als Gartenzwerg vor die Haustüre. So funktioniert es nicht.

Je weiter ich mich entwickle, desto mehr entwickelt sich auch mein Gottesbild. Der Weg ist nicht gerade, es gibt viele Kurven. Der Weg ist nicht vorgezeichnet, ich muß ihn suchen, das ist das Schöne am Glauben. Ich will kein fixiertes Gottesbild.

Ich bin auch kein Missionar. Ich bin gegen die Mission, da ist viel Schaden angerichtet worden. Es ist großartig, daß wir alle verschieden sind. Auch das ist für mich ein Mysterium. Jeder muß seinen Weg gehen. Wir müssen nicht am Kreuz sterben, aber jeder hat seine individuelle Nachfolge zu meistern. Wir sollten uns nicht anmaßen, dogmatisch darüber zu richten, was für wen gut ist. Das Christentum darf man nicht einprügeln, sondern wir müssen versuchen, selbst ein Beispiel zu geben. Und glauben Sie ja nicht, daß ich nicht öfter mit mir selbst in Konflikt gerate, nicht zuletzt aus der diktatorischen Struktur heraus, in der dieser Dirigentenberuf normalerweise funktioniert.

Deshalb haben so viele Leute mit mir ein Problem, weil sie spüren, daß ich versuche, einen anderen Weg zu gehen. Ein Bratschist der Wiener Philharmoniker sagte, ich müsse dem Orchester die Peitsche geben, sie bräuchten das. Aber wenn wir keinen Weg finden, partnerschaftlich miteinander umzugehen, dann bin ich der Falsche. Da müßte ich mich verstellen, und das wird dann nichts.

GUSTAV PEICHL

Ich sehe eine Verwandtschaft zwischen dem Kirchen- und dem Frauenvolksbegehren

Ein Karikaturist, der ernstgenommen werden will, darf bei der Themenauswahl keine Tabus kennen. Prinzipiell zeichne ich das, was mir gefällt. Habe ich Glück, gefällt es auch anderen. Was ich nicht zeichne, sind ordinäre oder abstoßende Karikaturen, das ist nicht meine Art. Das hat nichts mit Tabus zu tun. Ich möchte den feinen Humor, das Heitere in den Vordergrund stellen.

Als Karikaturist muß man Dinge, die zur Diskussion stehen, sichtbar machen und zu Papier bringen. Dabei ist es unmöglich, eine der bedeutendsten und wichtigsten Institutionen, nämlich die Kirche, zu ignorieren. Der Glaube, die Religiosität und die Kirche interessieren viele Menschen. Dieses Interesse ist teils vordergründig, zum Teil nach Sigmund Freud im Unterbewußtsein verankert. Daß das Thema Religion für alle Menschen von Interesse ist, davon bin ich überzeugt – deshalb muß es auch in der Karikatur vorkommen.

Wenn ich die letzten Jahre und Jahrzehnte zurückblicke, fällt mir auf, daß die Skandale im Zusammenhang mit der Kirche weniger die öffentliche als die veröffentlichte Meinung betreffen. Diese Skandale sind weitgehend durch die Medien aufgedeckt, gepusht und übertrieben worden und dadurch oft auf ein Gleis gelangt, wo sie gar nicht hingehören. Dadurch wurde die Öffentlichkeit sensibilisiert und hat sich intensiver mit kirchlichen Themen beschäftigt, als das in der Vergangenheit der Fall war. Ein Kirchgänger, sei es auf dem Land oder in der Stadt, hatte vor den Skandalen eine andere Perspektive. Als gläubiger Katholik war er von etwas individuell betroffen oder nicht, es gab nicht diese kollektive Betroffenheit wie heute.

Ich sehe die sogenannte Affäre um den ehemaligen Wiener Erzbischof Groër gar nicht als Anlaßfall, der schwelendes Unbehagen oder Unzufriedenheit mit Zuständen in der Kirche an die Oberfläche brachte. Der eigentliche Anlaßfall war nicht das Was, sondern das Wie, das Aufdecken selbst und der manchmal unangenehme Enthüllungsjournalismus. Korrekterweise muß ich sagen, daß der Fall Groër wichtig genug war, um diese Dinge sichtbar zu machen. Ob man sie unbedingt in dieser Form von Sensationsjournalismus hat sichtbar machen müssen, ist eine andere Frage.

Der Karikaturist hat es leichter als der Journalist, denn er kann die Wahrheit humorvoll zeichnen. Dabei muß er nicht unbedingt das Unangenehme und Ekelhafte, das da mitspielt, hervorheben, das ist nicht notwendig. Über die Seriosität oder Kuriosität bestimmter Journalisten will ich mich gar nicht auslassen. Die schlimmsten sind die Zeitgeistigen, die immer mit dem Negativen und dem Voyeurismus arbeiten und nur die provokante Schlagzeile suchen. Die seriösesten Zeitungsmacher sind die Karikaturisten. Sie verschweigen nichts und sagen – humorvoll oder kräftig –, wie es wirklich ist. Eine gute Karikatur prägt sich beim Leser auch besser ein als ein noch so guter Leitartikel, der ist in drei Tagen vergessen.

Was das Kirchenvolksbegehren betrifft, meine ich, daß es notwendig war. Ich glaube, daß es auch ohne die sogenannten Skandalgeschichten initiiert worden wäre, es hat dadurch nur mehr Rückenwind bekommen. Die Medien hätten sich aber ohne Fall Groër nicht so vordergründig

dafür interessiert. Wer sich mit den Postulaten des Kirchenvolksbegehrens auseinandergesetzt hat, wußte, daß die katholische Kirche da in große Argumentationsschwierigkeiten gerät. Was mich dabei stört, sind weniger die Inhalte als das eigenartige Sich-in-den-Vordergrund-Stellen der Aktivisten: Eigenartig kämpfen an vorderster Front Frauen, dahinter ein paar Männer, aus subjektiver Sicht für eine Sache, die wichtig ist. Aber sie kämpfen nicht immer richtig, sondern oft peinlich. Ich sehe eine Verwandtschaft zwischen dem Kirchen- und dem Frauenvolksbegehren. Wenn ich mir diese ehrgeizigen Personen ansehe, die sich vor die Kameras drängen und wüste Schimpforgien in Sachen der angeblich verfolgten Frauen loslassen, so sprechen sie doch vordergründig über ihre eigenen Probleme, über die Probleme dieser eitlen, sich verführerisch gebenden Frauen. Dieses Vorgehen schadet den Frauen mehr, als es ihnen nützt.

Ähnliches gilt für das Kirchenvolksbegehren. Nicht, daß viele Menschen davon betroffen wären, ob Frauen katholische Priesterinnen werden können, aber es gibt viele, die sich durch die Stellung der Frau in der Kirche betroffen fühlen. Die denken darüber nach, ob die Kirche sich nicht sehr anachronistisch benimmt. Ich sehe sehr wohl diesen Anachronismus, der in Rom beginnt und am Wiener Stephansplatz endet. Ich stelle nur wieder in Frage, ob man diesem Anachronismus mit dem Volksbegehren et cetera mit geeigneten Mitteln begegnet. Wenn ich sage, ich bin gegen diesen Anachronismus, meine ich damit nicht, daß ich dagegen bin, daß die Firma Kirche diktatorisch geführt wird. Ich glaube nämlich, die Kirche kann man nur mit guten, demokratisch denkenden Diktatoren führen, anders geht's nicht.

In Niederösterreich hat es mit diesem sich über alles erheben wollenden Pater Udo Fischer in Paudorf begonnen. Er wollte sich in den Vordergrund spielen. Meiner Meinung nach ist Bischof Krenn ein negatives Vorbild, da er sich in die Medien drängt und in jedes zur Verfügung stehende Mikrophon spricht. Der große Feind des Krenn ist der Krenn, der sich immer ins Rampenlicht drängt. Auch für den durch Bischof Schönborn gekündigten Generalvikar Schüller traf das zu, daß er seine Person zu sehr in den Vordergrund rückte. Er besitzt zwar Demut, aber man sieht sie nicht, sie ist durch Lehrerhaftes zugedeckt. Da muß es innerhalb der Kirche doch jemanden geben, der sagt: Du bist bei meiner Firma, du hörst jetzt auf, dich zu profilieren. Du mußt dieser Firma loyal dienen, du hast für diese Firma zu arbeiten und nicht für deine Persönlichkeitsstruktur. Es muß eine straffe, sogenannte diktatorische Führung mit Entscheidungsmöglichkeiten geben, sonst kommt etwas in das Gefüge hinein, was der Firma schadet.

Der große Bruno Kreisky war ja ein demokratischer Bundeskanzler, aber er war sehr diktatorisch. Das, was er diktatorisch entschieden hat, hat dem Staat und dem Volk genützt, wenn wir von wirtschaftspolitischen Fehlern oder von der Fehleinschätzung des Volksbegehrens zum Atomkraftwerk Zwentendorf absehen.

Etwas weiterbringen kann nur jemand, der diktatorisch denkt, freilich im Rahmen der Formaleinrichtung Demokratie. Bruno Kreisky und Bischof Kurt Krenn sind zwei für den Karikaturisten markante Persönlichkeiten. Ich sehe aber noch weitere Parallelen: ihre Intelligenz, ihre breite Bildung. Ich kann mit Bischof Krenn über alles reden, ich bin oft überhaupt nicht seiner Meinung, aber das Gespräch mit ihm ist immer interessant. Das ist dasselbe wie mit Bruno Kreisky. Zwischen Bischof Krenn und Jörg Haider sehe ich dagegen überhaupt keine Parallele. Man kann Bischof Krenn im Gegensatz zu Jörg Haider nicht vorwerfen, daß er ein Rechtspopulist ist. Haider jedoch als Nazi oder Faschist zu bezeichnen, ist Blödsinn. Das tun die, die keine Ahnung haben, was das Wort Faschist heißt. Aber die Haider-Fresser transportieren das immer wieder, und interessanterweise sind die Haider-Fresser die Haider-Macher. So gut, wie sich Haider heute als politisches Talent darstellt, so gut ist er gar nicht. Zwischen Krenn und Haider sehe ich keine Parallele, ja nicht einmal einen Zusammenhang. Daß sie sich hin und wieder treffen und in einer Sache einer Meinung sind, das gibt es. Ich habe Freunde, die sind Kommunisten, aber wenn wir in einer künstlerischen Frage übereinstimmen, bin doch nicht ich deshalb ein Kommunist.

Krenn hat ja in der Argumentation immer Rückgrat gezeigt. Was ihm aber wohl zu Recht vorgeworfen wurde, war diese provokante Art der Verteidigung von Kardinal Groër. Auch wenn Krenn in einer anderen Sache am Petersplatz in Rom rüde davon sprach, daß die »Lügner das Maul halten sollen«, hatte er in der Sache doch recht. Sein Fehler war wieder, daß er sich im Triumph, der in Wahrheit keiner ist, badet. Immer wieder tappt er in die Fallen der Journalisten: Er spricht zehn Minuten, und gebracht wird dann ein griffiger Satz.

Das Aussehen Kurt Krenns finde ich als Karikaturist großartig. Die Tatsache, daß Bischof Krenn der einzige ist, der sich als Konservativer ständig zu Wort meldet, steht für ein generelles Problem der Konservativen. Es gibt leider so wenige von ihnen, die etwas zu sagen haben. Man müßte den Begriff konservativ noch näher definieren. Ich selbst beispielsweise sehe mich als progressiven Konservativen. Das Konservative in der österreichischen wissenschaftlichen Landschaft, in der Kunst- und Kulturlandschaft befindet sich im Hintertreffen. Man darf ja nicht sagen, das Hrdlicka-Denkmal bei der Wiener Albertina ist schlechte Kunst. Es ist wirklich schlecht in den Proportionen, schlecht im Material, schlecht in der Stellung. Sagt man das, ich habe es einmal getan, so heißt es sofort: Der Peichl ist ein Faschist. Wie mit der sogenannten political correctness in unserer Gesellschaft umgegangen wird, das gehört zum Schlimmsten. Es ist auch fürchterlich, daß das Wort Konservativer bei uns ein Schimpfwort ist, in England zum Beispiel wäre das nicht denkbar. Wenn der wortgewaltige André Heller oder der Ostbahn-Kurti über jemanden etwas Böses sagen wollen, dann heißt es: Der ist ein Konservativer. Leistung ist auch so ein Begriff, der nur in Österreich negativ besetzt ist; wer eine Leistung erbringen will, wird schief angeschaut. Der Begriff elitär wird bei uns ebenfalls in einem negativen Sinn verwendet. Ich frage mich, wie wollen Sie ohne elitäre Künstler eine ordentliche Kunst hervorbringen? All das gilt auch für die Diskussion um die katholische Kirche.

Das Faszinierende an Religion und an der katholischen Kirche ist für mich, daß sie das große Geheimnis bergen: ob das der Tod ist oder das Leben nach dem Tod. Das sind die letzen Dinge, die noch geheimnisvoll geblieben sind, denn das Geheimnis gibt es ja sonst nirgends mehr. Der Transport der katholischen Lehre über die Medien wäre im Prinzip möglich, nur werden solche Inhalte nicht angenommen. Sie sind uninteressant, weil die Leute nur Sensationen wollen. Das Geheimnis der Religion und die Bibel waren jahrhundertelang ein geistiger Magnet. Ich persönlich halte die Bibel für eines der wichtigsten Druckwerke überhaupt. Doch was wollen Sie heute mit der Bibel? Sie steht für das Selbstverständliche – und das interessiert nur wenige. Damit kann man weder provozieren noch Widerspruch erregen. Läse man die Bibel richtig, so fände man darin viel Radikales und Provokantes …

Ob die derzeitige Krise eine Kirchen-, Glaubens- oder Gotteskrise ist, ist schwer zu beantworten. Mit Sicherheit ist es eine Kirchen-Managementkrise, es kriselt in der Organisation, in der Logistik. Ich glaube nicht, daß es eine Glaubenskrise ist. Ich war in der Nazizeit ein kleiner Bub und erinnere mich an das Jahr 1939. Damals stand es um die Kirche viel schlimmer als heute. Die organisierten Nazis haben die Kirche ärger verfolgt, als man heute glaubt. Ich bin im zweiten Wiener Gemeindebezirk aufgewachsen und in meiner Familie hieß In-die-Kirche-gehen in die Stephanskirche gehen. Wir Buben wurden am Weg dorthin regelmäßig von HJ-Jugendlichen verprügelt und verfolgt, damals war das Antiklerikale sehr stark spürbar. Aber der Glaube der Menschen hat den ganzen Krieg hindurch nicht gelitten, denn gerade in schwierigen Zeiten hilft der Glaube. Das ist eine Banalität, aber es ist heute nicht anders. Wann besinnen sich die Menschen auf ihren Glauben? Bei Krankheit, während des Sterbens eines Angehörigen, im Angesicht des Todes. Das Problem der Euthanasie kann man doch ohne Berücksichtigung des Glaubens nicht diskutieren, und es ist selbstverständlich, daß die

Kirche gegen die Tötung durch Ärzte sein muß. Allerdings sollte sie diese Fragen nicht so unelastisch behandeln. Dasselbe gilt für die Zulassung der Empfängnisverhütung; ich persönlich glaube, daß der Papst in dieser Frage von Beratern beeinflußt wird. Ich habe den Papst anläßlich seines ersten Österreichbesuches, ich baute damals die Papstbühne auf dem Heldenplatz, persönlich kennengelernt und bewunderte seine Cleverness und gleichzeitig seine kluge Bescheidenheit. Ich fürchte, daß er in den letzten Jahren zuviel auf Berater hört. Ich habe den Papst öfter karikiert, er ist kein Tabu für mich. Allerdings habe ich oft negative Leserreaktionen erhalten von Leuten, die meinen: Muß das denn sein? Man wollte mir mitteilen, die katholische Kirche sollte ein Tabu für den Karikaturisten sein. Das kann ich nicht annehmen.

Um das Fortbestehen der Institution Kirche mache ich mir keine Sorgen. Sicherlich gibt es Kirchenaustritte aufgrund des Fehlverhaltens mancher Kirchenfürsten, doch das ist relativ. Die Propaganda der Agnostiker oder Atheisten war doch während des Krieges viel stärker als heute. Dennoch muß man die Austritte ernst nehmen. Aber sie sind keine Katastrophe.

Die Kirche soll nicht modernistisch, aber moderner werden. Es wird weitere Änderungen geben, keine Revolution. Die Kirche gibt es seit zweitausend Jahren. Jetzt wird sie von Zeitgeistmachern und Zeitgeistfetischisten, die sich profilieren wollen, benützt und kristisiert.

JOACHIM (FRIDOLIN GEORG) ANGERER

Dem Klerus ist es bisher nicht gelungen, die Kirche zu ruinieren

Ich habe eine benediktinische Erziehung genossen. Einer der benediktinischen Grundsätze lautet: Ora et labora. Ich bezeichne mich als Arbeiterpriester. Ich habe Freude an der Arbeit, und so hoch ich das Liturgische schätze, könnte ich mir doch ein Klosterleben ohne das Wahrnehmen aller hier anfallenden Aufgaben nicht vorstellen. 1999 sind es dreißig Jahre, daß ich Provisor in Geras bin. Jetzt bin ich Abt, aber ursprünglich war ich nur als Wirtschafter beauftragt. Eigentlich bin ich Wissenschaftler, und sehr gerne würde ich mein Klosterdasein dafür nützen, um das Mittelalter zu erforschen. Ich habe viel publiziert, die »Melker Reform«* beispielsweise habe ich aufgearbeitet. Mein Spezialgebiet ist die Gregorianik, ich beherrsche die alte Tradition des Choralgesanges. Ich durfte mein Theologiestudium noch in Latein absolvieren, am Mozarteum Salzburg habe ich Orgel und Kapellmeisterei studiert. Gerne sähe ich, daß die überlieferten Schätze der lateinischen Liturgie entsprechend wissenschaftlich aufgearbeitet würden, damit sie uns auch für die Zukunft erhalten bleiben. So sehr ich die liturgische Erneuerung begrüße, muß ich doch feststellen, daß diese alten Traditionen nur noch musealen Charakter haben. Ich war jah-

*Melker Reform: Reorganisation des Klosterlebens und der klösterlichen Zeremonien im Gefolge der Visitationen 1418 und 1451.

relang damit beschäftigt, textkritische Editionen zu erstellen, die alle im »Corpus consuetudinem monasticarum« publiziert sind, und ich hoffe bis heute, daß ich ganz zur Wissenschaft zurückkehren kann.

Da ich in der Lehre stehe – ich bin habilitiert und außerordentlicher Professor –, habe ich sozusagen im Nebenberuf für meine Abtei die Wirtschaft übernommen. Man sagte mir damals, es sei die Aufgabe für einen Tag in der Woche: Man spricht vom Provisortag, *providere* heißt vorsehen, damit andere nicht das Nachsehen haben. Aus dem einen Tag ist ein ganzes Leben geworden, bedauerlicherweise.

1963 begann ich in der Kleinstpfarre Eibenstein, die ich heute noch pastoral betreue, um einen sicheren Hort für meine wissenschaftliche Tätigkeit zu haben. Dort erlebte ich, wie stark die Abwanderung ist und daß wir uns im Waldviertel in einer wirtschaftlichen Krisenregion befinden. Mir wurde sehr schnell bewußt, daß ein Kloster, ein österreichisches Stift, auch eine Stiftung ist, die nicht nur dafür gegründet wurde, daß man hier fromm betet und ein Daheim für Seelsorger hat, sondern eine solche Stiftung verfügt auch über Grund und Boden, über Gebäude und Kunstschätze. Es soll ein Zentrum in vielerlei Hinsicht sein. Ich habe versucht, es über die Wirtschaft her zu aktivieren. Geras ist so gering dotiert, daß die Gebäudeerhaltung allein aus der Substanz des Stiftungsvermögens nicht garantiert ist. Ich mußte mir etwas einfallen lassen, um die weitgehend brachliegenden, zum Teil in ruinösem Zustand befindlichen Bauten zu erhalten und mit neuem Sinn auszustatten. Es gab hier 1969 weder Zentralheizung noch Telefonanlage. Da fiel mir 1970 eine Zeitungsannonce in die Hände, in der es um rustikale Hinterglasmalerei ging. Bäuerliche Kunst war damals en vogue, so entstand die Idee, hier Hinterglasmalereikurse anzubieten. Es kamen Restaurier-, Ikonenmal-, Zeichenkurse dazu, die eine bunte Palette sinnvoller Freizeitgestaltung für Liebhaber abrundeten. Heute gibt es das Kunst- und Bildungszentrum Stift Geras, in dem jährlich hundertzwanzig Künstler den rund sechzehnhundert Kursteilnehmern zur Verfügung stehen.

Darüber hinaus gewann unser Kloster Vorbildwirkung, wir haben mittlerweile ein Heizwerk auf Biomasse, wir sind Biobauern, die eigene Produkte verkaufen. Das systematische Renovieren und Revitalisieren der Klosteranlage erforderte den totalen Einsatz meinerseits. Ein weitläufiges System ist entstanden, in dem ich mich selbst gefangengesetzt habe. Gerne würde ich ausbrechen, wäre ein anderer bereit, ebenfalls seiner Berufung als Arbeiterpriester hier nachzugehen. Man wird so leicht als Manager bezeichnet, keiner überlegt, daß man das aus Pflichterfüllung tut, für das Kloster und die Mitmenschen. Manager kann jeder werden. Der Unterschied zu mir ist, daß ich es um Gottes Lohn mache, im Gehorsam. Das glaubt mir niemand, aber ich mache es wirklich aus Pflichterfüllung; ginge es nach meinem eigenen Willen, täte ich es bestimmt nicht.

Natürlich war es eine Herausforderung, nach Geras Menschen zu bringen, die über die Kurse, über das Kloster wieder einen Bezug zu Gott fanden. Ich habe erschütternde Gespräche erlebt, Menschen, die der Kirche fernstanden und jetzt zu mir kommen, weil sie unheilbar krank sind, beichten wollen ... Mein Motto gegenüber allen, die hierher kommen, lautet nach einer Formulierung des Wiener Pastoraltheologen Paul Zulehner: Geben wir ihnen ein »Dach für die Seele«. Jeder braucht und sucht das, viele hoffen, es in der Kirche zu finden, doch an der sogenannten Amtskirche scheuert sich so mancher wund.

Wir klopfen die Leute nicht ab, ob sie einen Taufschein haben und brav in die Kirche gehen, sondern wir begegnen ihnen als Mitmenschen, denn jeder ist unser Nächster. Es ist für mich als Kursverantwortlichen auch nicht das primäre Kriterium, ob ein unterrichtender Künstler katholisch oder christlich ist. Unsere Lehrenden bilden eine internationale Künstlergemeinde, sie kommen beispielsweise aus Japan und Korea.

Die katholische Kirche ist auf die ganze Welt bezogen, sie hätte die Globalisierung in einem sehr positiven Sinn vorwegnehmen können. Das zeigen wir in Geras im kleinen Rahmen durch demonstrierte Freiheit. Es ist dies keine falsch verstandene Toleranz in einer Zeit, da die katholische Kirche in Österreich rückläufige Zahlen hat, während andere Religionen, etwa der Islam, zahlenmäßig zulegen. Kämpferischen, terroristischen Fundamentalisten, wie es sie in gewissen Gruppierungen des Islam gibt, können christliche Kirchen nicht mit gleichem Rezept begegnen. Wenn wir vermeinen, mit Radikalisierung und Fundamentalismus reagieren zu müssen, widersprechen wir dem Evangelium. Die Botschaft ist eine frohe, eine Botschaft der Erlösung.

Ich habe keine Sorge um die Kirche, denn ich glaube, am Schluß schreibt doch Gott »auf krummen Zeilen«, wie Augustinus sagt. Es wäre ein Zeugnis von Unglauben, fürchteten wir, gewissen Strömungen gegenüber unterlegen zu sein. Ich bedaure bestimmte Entwicklungen in der katholischen Kirche, denn ich habe den Aufbruch in Rom durch das Zweite Vatikanum selbst miterlebt. Ich erinnere mich, daß ich die Orgel in St. Paul gespielt habe an jenem 25. Jänner 1959, als Johannes XXIII. das Konzil ankündigte. Ich sehe heute noch vor mir, wie ich vom Orgelbalkon hinunterblickte auf Johannes XXIII., diesen unförmigen Mann, der mit Händen und Füßen redete, und ich traute meinen Ohren nicht. Ich war auch bei seiner Wahl dabei, und ich empfand, genauso wie die anderen, Entsetzen, daß man einen Mann mit 77 Jahren noch zum Papst macht. Aber wir waren begeistert von ihm, bis zu seinen letzten Worten. Er blieb auch im höchsten Amt ein Mensch. Er hat diesen Menschen nicht in ein Schema, auch nicht in die Soutane gepreßt. Wenn man berücksichtigt, wie der jetzige Papst sagt, daß der Mensch der Weg der Kirche ist und keine Marionette, daß die Kirche für die Menschen da ist, und wenn man diesen Menschen zeitgemäße Lösungen für ihre Nöte und Probleme anbietet, dann habe ich keine Sorge, daß andere Religionen heute bei uns einbrechen.

Was den Buddhismus mit seiner im Westen steigenden Attraktivität anlangt, glaube ich, daß wir Christen im Gegensatz zu den Buddhisten ökologische Fragen zuwenig beachtet haben. Wenn wir bedenken, daß es nach unserem Glauben einen Schöpfer gibt, daß alles Schöpfung ist, daß wir schöpferisch tätig werden sollen und für die Schöpfung Verantwortung tragen, dann wird uns der Buddhismus in dieser Hinsicht nicht den Rang ablaufen. Wir haben in der Ökologie jahrzehntelang übersehen, welche Probleme auftauchen könnten. Auch jetzt, wo wir hautnah die Bedrohung spüren, tun wir nichts dagegen. Die großen Lösungen, von oben nach unten, die gibt es nicht. Wir erwarten sie zwar von den Weltorganisationen wie den Vereinten Nationen, aber die versagen total. Das christliche Rezept, jeden einzelnen von uns in seinen Talenten und mit seinem Gewissen zu aktivieren, wäre das einzig richtige. Induktion statt Deduktion. Ich habe leider die Sorge, daß man in unserer Kirche eher darauf vertraut, die Menschen über ideologische Prinzipien und Radikalismen zu bewegen. Die letzte Entwicklung, alles über Gesetze und Vorschriften zu steuern, das war doch nie der Weg der Kirche, denn am Anfang steht die Person und nicht die Institution. Die Indoktrinierung der Masse beherrschen die Muselmanen besser als wir. Was das Christentum auszeichnet, ist die Freiheit des Christenmenschen, die Herausforderung an den einzelnen, all seine Tatkraft einzubringen. Wenn wir das forcierten, anstatt uns in Lagerkämpfen zu verlieren, würden wir auch der Jugend wieder Visionen und Perspektiven geben können. Das, was wir anstellen und in diesem ausbeuterischen, materialistischen System hinterlassen, das ist die Apokalypse für die nächsten Generationen. Wir leben ja in Saus und Braus, verantwortungslos!

Wenn ich für Pluralismus und Individualismus plädiere, so darf das nicht mit Chaos oder Orientierungslosigkeit verwechselt werden, nur weil viele Meinungen, zum Beispiel auch zu moralischen Fragen, innerhalb der Kirche existieren. Grundsätzlich möchte ich sagen, daß die Kirche nicht in erster Linie eine Moralinstitution ist, sondern daß die Kirche die Offenbarung der Liebe Gottes zu den Menschen darstellen soll und dies in den Sakramenten auch spür- und meßbar zu verwalten und weiterzuschenken hat: zur Stärkung des Menschen, auf ein ewiges Ziel hin. Wenn ich an die Gentechnik, an das Klonen denke, alles Visionen, die einerseits positiv sind, andererseits Horrorszenen abgeben, da müßte die Kirche gemeinsame Lösungen anbieten, Lösungen, die nicht nur von der Theorie her stammen, sondern auch mit der Praxis und mit der Basis abgestimmt sind. Es ist beispielsweise nicht gelungen, den Menschen und vor allem den Frauen über die Enzyklika »Humanae vitae« deutlich zu machen, welche Gefahren der nachhaltige Gebrauch der Pille beinhaltet. Ich habe zudem den Eindruck, daß den Menschen nicht verständlich ist, warum zum Beispiel die Methode Knaus-

Ogino die Verhinderung der Zeugung durchaus legitimiert, während es, wenn es künstlich passiert, sündhaft sein soll. Es kommt mir so vor, wie wenn ich gegen eine Krankheit Tee trinke, und wenn ich mir keinen Tee koche, sondern den Wirkstoff in Pillenform einnehme, ist es plötzlich sündhaft? Da gehört viel aufgearbeitet, und ich bin sehr traurig, daß unsere Kirche sich nicht dazu aufraffen kann, dem einzelnen und dem Gewissen des einzelnen mehr zu vertrauen. Da wird der Heilige Geist noch viel Arbeit haben.

Das Problem, ob das hierarchische im Gegensatz zum demokratischen Prinzip ein Identitätsmerkmal der Kirche ist oder nicht, das sehe ich ein bißchen als die Sklerose unseres Jahrhunderts, eines auslaufenden Jahrtausends. Kirche heißt nicht nur Hierarchie, Kirche heißt: alle, die herausgerufen sind durch die Taufe und hineingenommen sind in die Erlösung. Wir Priester sind nicht die Herren des Glaubens, sondern die Diener eurer Freuden. Wenn ich sklerotisch sage, will ich auch auf die dramatische Veralterung des Klerus in Europa hinweisen. Den wenigen Priestern, die es gibt, wird immer mehr aufgeladen. Es kommen dauernd neue Vorschriften, die auf eine Priesterkirche abzielen, die wir ja schon lange nicht mehr sein können, aber man will das erzwingen. Ich bin absolut für ein hierarchisches Prinzip: Also, wir haben das zu tun, was der Herr uns aufgetragen hat: Tut dies zu meinem Gedächtnis.

Wir müssen hinterfragen, wem sagt er das? Gilt dieser Ruf nicht in jeder Zeit völlig neu? Warum hören so wenige den Ruf? Von einem Land in das andere Priester zu verschieben, da kann's doch nicht sein. Die Seelsorge leidet darunter.

Ich sehe das nicht so sehr nur als ein Problem der Alten Welt. In Indien beispielsweise, da nützen wir unsere soziale Kompetenz viel zuwenig, da sind die Sikhs und andere Gruppierungen viel erfolgreicher als wir. Ich weiß von Mitbrüdern aus Brasilien, daß es auch dort zu wenige Berufungen gibt, teils liegt das am Zölibat. Ich persönlich habe übrigens den Zölibat tragen können, weil ich mich im Kloster in einer Gemeinschaft von Gleichgesinnten befinde. Als Solotänzer wäre ich nie aufgetreten.

Es wäre zu überlegen, ob man nicht bezüglich Zölibat flexibler, offener sein sollte, um Talente und Berufungen für das Volk Gottes zu erhalten. Tausende Priester, die am Zölibat gescheitert sind, leben in Verdammung von der Kirche, das ist erschütternd. Der Fall des Zölibats würde meiner Meinung nach nichts an der Identität der Kirche ändern, sondern neue Möglichkeiten eröffnen.

Die Amtskirche hat noch immer Angst, daß dem Volk Gottes etwas passiert, wenn das über tausend Jahre alte Priesterbild nicht mehr in dieser Form existiert. Die Kirche hat großen Handlungsbedarf. Ich wünsche der Kirche die Freude an der Berufung, an der Erlösung, an der frohen Botschaft, die Freude, all das anbieten zu dürfen. Das bewirken nicht wir, sondern der Geist Gottes. Mir ist nicht bang, wenn ich die Gleichgültigkeit der Menschen sehe, das ist nur eine Seite der Medaille. Letztlich sind die Sehnsüchte der Menschen und ihre elementaren Nöte immer gleich. Jeder von uns weiß, daß er ewig lebt und daß unsere Vollendung im Jenseits liegt. Weiß er es nicht, liegt's nicht an der Botschaft, sondern an der Institution Kirche, die den Inhalt nicht richtig umsetzt. Ich habe einmal sehr bösartig gesagt: Wenn wir glauben, daß wir das Christentum islamisieren müssen, damit es wieder greift, sind wir auf dem falschen Weg, auch wenn dieser Weg aus Rom vorgegeben wird.

Wir vernachlässigen die Botschaft der Heiligen Schrift, indem wir immer wieder mit neuen Enzykliken ein Verwirrspiel aus Ge- und Verboten treiben. Natürlich brauchen wir Richtlinien, aber die haben wir ja in den Zehn Geboten.

Es gilt, das Gewissen des einzelnen zu formen, nicht immer im Fadenkreuz Gut und Böse, hier der Teufel, dort der Himmel für die Braven, zu agieren. Manch einer ist ja heute schon so weit, zu sagen: Wenn das die Braven sind, dann möchte ich diesen Himmel gar nicht mehr erreichen.

In Österreich hat es immer eine liberale Tradition gegeben, daß auch Menschen, die sich nicht in der Kirche engagiert haben, ihr positiv gegenüberstanden. Im Anschluß an die Auseinandersetzungen der letzten Zeit haben mich viele Menschen angesprochen: Gott sei Dank, die Kirche hat noch ein menschliches Antlitz, bleiben Sie stark! Es waren nicht diejenigen, die die Kniebänke wetzen, sondern die, die das Bedürfnis haben, erlöst zu sein. Getauft sind sie ja.

Eine große Gefahr besteht darin, ein schematisches Gottesbild zu vermitteln. Ich selbst wuchs noch mit dem Begriff des lieben Gottes auf, und ich brauchte lange, um diese Schablonen umzuwandeln in ein lebendiges Gottesbild, nach dem Diktum von Augustinus: Gott ist dir näher als du dir selbst. Wir können von Gott nicht groß genug denken, je größer, um so besser. Gott läßt sich in kein Schema und in kein Dogma pressen. Das sind schwache Behelfe, damit wir uns verstandesmäßig über Gott unterhalten können. Gott ist Unendlichkeit, das zeigen ja auch die Erkenntnisse über den Kosmos, der immer noch in Entwicklung ist. Wenn Gott davor, danach und darüber steht, in einem ewigen Heute, dann muß dieser Gott so unendlich betörend groß sein, daß ich eigentlich nur in die Knie gehen kann. Aber dieser Gott gibt mir das Fenster, indem sein Sohn Mensch wird. Gott ist Fleisch geworden, hat unser Fleisch angenommen. Dadurch bekommt doch alles, was wir in der Kirche tun, eine ungeheure Aktualität. Wenn ich das aber ewig durch die Buchmalerei des Mittelalters in die TV-Gesellschaft bringen möchte, dann liege ich falsch.

Auch das Gleichnis, Gott ist Wahrheit, kann ich nicht mehr hören, weil das Wort Wahrheit in den letzten Jahren plakativ abgegriffen wurde. Wahrheit ist etwas Lebendiges, Gott ist so lebendig, daß ich die Paragraphen, die man ihm unterstellt, nicht mehr akzeptieren kann.

Dasselbe gilt für die Wahrheit in der Kunst, auch die Kunst ist etwas Lebendiges. Es gibt Gesetzmäßigkeiten, so wie es früher zum Beispiel in der Musik die Sonatenhauptsatzform gab. Einer akzeptiert das heute, der andere nicht. Die vielen Genies und Künstler durch die Jahrhunderte sind für mich auch ein Gottesbeweis. So wie derjenige, daß es dem Klerus bis heute nicht gelungen ist, die Kirche zu ruinieren. Ich würde die Wahrheit in der Kunst nicht so absolut formulieren, das eine spricht mich an, das andere nicht. Ich beispielsweise bin an der Orgel aufgewachsen, ich spiele gerne Bach, Händel. Doch es gibt immer neue schöpferische Ausdrucksformen, und dieses ewig Schöpferische des Menschen, der die Ebenbildlichkeit Gottes in sich trägt, ist ja auch eine Rückkopplung, das ist auch Religion. Das kann nur aus einem liebenden Gott kommen und nicht nur aus dem Urknall oder der Evolution entstanden sein.

Mit den sogenannten atheistischen Künstlern habe ich kein Problem, da ich glaube, siehe etwa Elfriede Jelinek, vieles ist nur eine harte Reaktion auf konkrete Situationen bei denen, die Gott offenbar gepachtet haben. Es klingt manchmal gut zu sagen: Ich bin Atheist, Kommunist. Ich glaube aber, es gibt viel weniger Atheisten, als es den Anschein hat. Es handelt sich oft um einen Abwehrmechanismus gegen Formeln und Formen, in denen ein rächender Gott vorgestellt wird. In ein solches Glaubenskorsett kann kein Künstler passen. Kein Künstler paßte je in das Klischee seiner Zeit. Mozart hatte seine Auseinandersetzungen mit dem Erzbischof von Salzburg, er wird immer noch als Logenbruder gehandelt ... So kann man niemandem begegnen. Schließlich ist Glaube Gnade, das ist auch eines der grundlegenden thomistischen Axiome: »Gratia gratis data«, die Gnade des Glaubens wird geschenkt und kann nicht verdient werden. Natürlich kann man sich auch so abwenden, daß man nie vom Strahl des Glaubens getroffen wird. Der, der den Glauben sucht, kann einerseits alles tun, andererseits muß er wissen, daß er nichts tun kann. Ich als Priester kann zur Gottfindung der Menschen beitragen, indem ich mich ganz einbringe, mit meinen Talenten und mit der Haltung, die ich geschenkt bekommen habe.

Ich bin der Joachim Angerer und nicht der Fuchs und nicht der Meier. Ich habe mich recht spät entschlossen, Priester zu werden, mit achtzehn, neunzehn, und wenn ich heute meine Klassenkameraden treffe, fragen manche: Bist du noch immer im Laden? Sie hätten es nicht von mir gedacht, denn ich wollte ja Musiker werden.

In meiner kleinen Pfarre Eibenstein habe ich immer die Hand am Pulsschlag. Ich stelle mit Traurigkeit fest, daß wir die Jugend wirklich verloren haben, auch auf dem Land. Da hilft gar nichts mehr, auch nicht befehlen. Schuld daran sind auch die Krisen, die wir durchgemacht haben. Wenn ein Vorbild wie etwa ein Kardinal dasteht zumindest als ein Sünder wie jeder andere auch, und er nicht in der Lage ist, es einzubekennen und um Vergebung zu bitten, dann fällt das System zusammen. Es ist zusammengebrochen. Das ist aber eine Zeiterscheinung.

Was viele als negativ empfinden ist, daß nach wie vor

Einzelpersönlichkeiten Karriere machen wollen und ihre Fahne nach dem Wind hängen. Es gibt den Satz: Wenn heute eine Pfarre ausgeschrieben wird, meldet sich keiner, wenn ein Bischofssitz frei wird, stellen sie sich an. Ich weiß nicht, warum. Ich würde mich zu keinem dieser Ämter drängen, ich glaube, ich würde nicht einmal den nötigen Gehorsam aufbringen. Manchmal hat man doch den Eindruck, es geht nicht um den Mitmenschen, sondern um Opportunität. Dieses Verhalten verübeln die Menschen der Kirche noch mehr als einer politischen Partei. Wir müssen aber präsent sein, in den Medien, im Fernsehen. Manche beschimpfen uns, sie wollen ihre Ruhe haben. Wenn die Kirche Ruhe gibt, habe ich Sorge, daß es schnell Grabesruhe wird. Ich werde meinen Weg weitergehen. Die Kirche wird in der aktuellen Situation nicht Schaden nehmen, das Volk Gottes schon, denn wir geben Anlaß zu einem Ärgernis. Es geht um das Skandalon, von dem schon in der Heiligen Schrift die Rede ist. Dafür, glaube ich, werden manche Herrschaften zur Rechenschaft gezogen werden.

Die Kirche darf nicht aus der aktuellen Situation heraus beurteilt werden. Österreich ist nicht der Nabel der Welt. Im Glaubensleben der Menschen sehe ich vieles positiver, als es sich darstellt. Nur weil uns die Leute nicht mehr so gehorchen wollen, weil sich die sozialen Verhältnisse geändert haben, hat sich der Glaube nicht geändert. Der Verzögerungseffekt, der der Kirche anhaftet, ist systemimmanent, römisch, römisch-katholisch. Wenn ich aber nur Bremsklötze habe und immer nur Mittelmaß anstrebe, um ja nichts zu riskieren, so ist das gegen das Menschsein. Mensch sein bedeutet Risiko.

Momente des Zweifels gibt es immer, auch für mich als Priester. Mit denen werde ich in die Grube gehen. Doch dann kann man Gott wieder schauen und finden, was

Glück ist. Von Bettina von Brentano stammt das schöne Wort von der »Sehnsucht nach der Sehnsucht«, die in jedem von uns steckt. Ein schönes Wort.

BIOGRAPHIEN

JOACHIM (FRIDOLIN GEORG) ANGERER
1934 in Rottenbuch bei München geboren, 1954 Eintritt in den Benediktinerorden, 1955 einfache und 1958 feierliche Profeß, studierte in Salzburg Philosophie und am Mozarteum Orgel- und Kapellmeisterei sowie Theologie in Rom und Altphilologie in Würzburg, 1960 Priesterweihe in Rom, 1965 Dr. theol., 1972 Dr. phil., 1977 Habilitation für Musikwissenschaft, 1969 Eintritt in das Prämonstratenserstift Geras, 1986 Wahl zum Abt von Stift Geras auf Lebenszeit.

PHILIPP HARNONCOURT
1931 in Berlin geboren, studierte Theologie in Graz und München, 1954 Priesterweihe, 1963 Dr. theol., 1967 Habilitation, seit 1972 Univ.-Prof. für Liturgiewissenschaft an der Universität Graz, Vorstand des Institutes für Liturgiewissenschaft, Christliche Kunst und Hymnologie.

MICHAEL HELTAU
1933 in Ingolstadt geboren, Absolvent des Reinhardt-Seminars in Wien, Engagements an allen großen internationalen Theatern, Ensemblemitglied des Wiener Burgtheaters, zahlreiche Plattenaufnahmen (u. a. Lieder von Jacques Brel).

ELISABETH KAINZ
geboren 1934 in Iserlohn, Nordrhein-Westfalen, studierte Theologie in Münster und in Graz, Studienunterbrechung zur Kindererziehung, 1990 Dr. theol.

Gertraud Knoll
1958 in Linz geboren, studierte Theologie in Wien, anschließend Universitätsassistentin für Systematische Theologie an der Universität Wien, 1994 Wahl zur Superintendentin der Diözese Burgenland, 1998 Kandidatur für das Amt des österreichischen Bundespräsidenten.

Kurt Krenn
1936 in Rannariedl, Oberösterreich, geboren, 1954 Eintritt in das Priesterseminar Linz, studierte 1955 bis 1967 Philosophie, Theologie und Kirchenrecht in Rom, Tübingen und München, 1962 Priesterweihe in Rom, 1970 bis 1975 Professor für Philosophie in Linz, anschließend Professor für systematische Theologie an der Katholisch-Theologischen Fakultät in Regensburg, 1987 Ernennung zum Weihbischof der Erzdiözese Wien (für Kunst, Kultur und Wissenschaft), seit 1991 Diözesanbischof von St. Pölten.

Ulrich Küchl
1943 in Königsberg in Preußen geboren, studierte 1962 bis 1967 Philosophie, Theologie und Kirchenmusik, 1967 Priesterweihe, seit 1976 Propst des Stiftes Eisgarn in Niederösterreich, seit 1983 Studien bei Gottfried von Einem, 25 Werke, darunter eine Kirchenoper, Chorwerke, Kammermusik und Orchesterwerke, seit 1999 Bischofsvikar für Kunst und Kultur in der Diözese St. Pölten.

Klaus Küng
1940 in Bregenz geboren, studierte Medizin in Innsbruck und Wien und Theologie in Rom, 1964 Dr. med., 1969 Dr. theol., Arzt am Elisabethspital in Wien und am Landeskrankenhaus Graz, Mitglied des Opus Dei, 1970 Priesterweihe, 1976 bis 1989 Regionalvikar des Opus Dei in

Österreich, 1989 Bestellung zum Diözesanbischof von Feldkirch, seit 1989 in der Bischofskonferenz zuständig für Fragen der Familie und des Lebensschutzes, seit 1995 Konsultor des Päpstlichen Rates für die Familie.

Franz Mikl
1931 in Radendorf, Kärnten, geboren, studierte zunächst an der Technischen Universität, dann Theologie in Wien, Eintritt in den Orden der Minoriten, 1958 Priesterweihe, 1964 Dr. theol., 1965 bis 1991 Religionslehrer am Gymnasium, seit 1971 Priester in Wien-Mauer, seit 1976 Rektor der Kirche zur heiligen Dreifaltigkeit (Wotrubakirche) am Georgenberg in Wien.

Franz Möst (Welser-Möst)
1960 in Linz geboren, als Geigenschüler aufgewachsen mit der Kirchenmusiktradition von Haydn, Schubert, Mozart und Bruckner, Dirigierkurs bei Balduin Sulzer, 1978 nach einem Autounfall Ende der Geigerkarriere, 1982 bis 1985 Chefdirigent des österreichischen Jugendorchesters, 1985 Debüt bei den Salzburger Festspielen, 1990 Musikdirektor des London Philharmonic Orchestra, seit 1995 Chefdirigent der Züricher Oper.

Gustav Peichl
1928 in Wien geboren, studierte an der Wiener Akademie der bildenden Künste, 1953 Diplom in der Meisterklasse von Prof. Clemens Holzmeister, seit 1954 freier Architekt, Karikaturist für »Die Presse« und die »Süddeutsche Zeitung« unter dem Pseudonym »Ironimus«, seit 1973 ordentlicher Professor an der Akademie der bildenden Künste in Wien.

Michael Reingruber
1926 in Wien geboren, 1951 Priesterweihe, Kaplan und Religionslehrer in Wien, seit 1967 Kirchenrektor und Seelsorger in der Schloßkapelle Schönbrunn.

Joop Roeland
1931 in Haarlem, Holland, geboren, Eintritt in den Orden der Augustiner-Eremiten, studierte Philosophie, Theologie und Germanistik, Dr. phil., 1970 Studentenkaplan u.a. an der Technischen Universität Wien, ab 1986 Rektor der Ruprechtskirche Wien, Beauftragter der Erzdiözese Wien für homosexuell empfindende und liebende Menschen und ihre Angehörigen.

Placidus (Klaus) Suppan
1942 in Mautern, Diözese Graz Seckau, geboren, 1962 einfache und 1965 feierliche Profeß, Priesterweihe 1966, studierte in München, Rom und Salzburg, 1970 Dr. theol., 1969 bis 1975 Sekretär der österreichischen Benediktinerkongregation, Religionslehrer am Gymnasium des Stiftes Admont, Rektor des Bildungshauses und Pfarrer in Frauenberg an der Enns in der Steiermark.

Stephan Turnovszky
1964 in Luzern, Schweiz, geboren, studierte Technische Chemie in Wien, 1989 Dipl.-Ing., 1989 Forschungsprojekt an der TU Wien auf den Gebieten der anorganischen Synthese und der Röntgendiffraktometrie, 1992 Eintritt ins Erzbischöfliche Wiener Priesterseminar, Studium der Theologie, 1998 Priesterweihe.

Johann Weber

1927 in Graz-St. Veit geboren, 1950 Priesterweihe, von 1950 bis 1956 Kaplan in Kapfenberg und Köflach, 1956 bis 1962 Diözesanseelsorger der Katholischen Arbeiterjugend Graz, 1962 bis 1969 Stadtpfarrer in Graz-St.-Andrä, seit 1969 Bischof der Diözese Graz-Seckau.

EPILOG

»Im Rahmen einer radikalen, vielleicht utopistischen oder auf die Endzeit ausgerichteten Perspektive ist klar, was die Kirche tun müßte, um ein ruhmloses Ende zu vermeiden. Sie müßte in die Opposition gehen. In einem solchen Kampf, der im übrigen auf eine lange Tradition zurückblicken kann, mit dem Kampf des Papsttums gegen das weltliche Imperium, könnte die Kirche all diejenigen Kräfte zusammenfassen, die sich der neuen Herrschaft des Konsums nicht beugen wollen. Für diese Verweigerung könnte die Kirche zum Symbol werden, indem sie zu ihren Ursprüngen, zur Opposition und zur Revolte zurückkehrt.«

Pier Paolo Pasolini *in einem Brief an* Papst Paul VI. *(1977)*

INHALT